© 1996, Buchverlag Basler Zeitung
Satz, Lithos und Druck: Basler Zeitung, 4002 Basel
Gestaltung: Paul Göttin
Printed in Switzerland
ISBN 3-85815-303-6

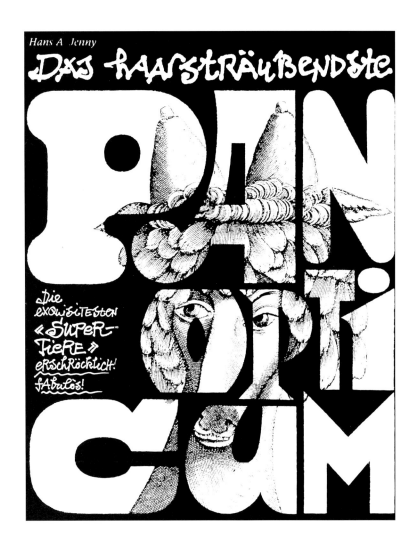

Buchverlag Basler Zeitung

Vorwort
Den parazoologischen Urwald erforschen

Der Autor (und Buch-Vater) und der Verlag (die Buch-Mutter) sind sich schmerzlich bewusst, wie schwierig die Zeugung, Aufzucht und Pflege von eineiigen Drillingen ist!

Immerhin liegt mit diesem «Panopticum» bereits der zweite Band unserer Trilogie in der Wiege. Die ältere Schwester unserer nostalgisch-romantisch-kuriosen Buchreihe, die «Nostalgia», hat ja schon 1995 das Rampenlicht der Öffentlichkeit erblickt.

Im Moment, wo wir hier das «Panopticum» dem gnädigen Urteil einer geneigten Leserschaft vorlegen, flirtet jedoch der Verfasser schon wieder heftig mit der Verlagsmutter, damit dann auch noch das dritte Buchkind unserer Serie, die «Curiosa», im Frühjahr 1997 die Familie ausserordentlicher Sensationen, Raritäten, Kuriositäten und Frivolitäten ergänzen kann. Während «Nostalgia» von ganz besonderen, originellen Menschen berichtete, stellt das «Panopticum» bestaunenswerte zoologische Seltenheiten oder animalische Figuren aus dem Bereich der Sagenwelt und der (unbeschränkten) Fantasie vor. In der «Curiosa» schliesslich zeigen wir Ihnen dann sprachliche, botanische und technische Sonderfälle.

Unser «Panopticum»-Volkswandertag auf Seitenpfaden zu seltenen Randgebieten stützt sich aber trotz der freien Themenwahl auf verlässliche Quellen, die wir zu Nutz und Frommen eines eventuellen weiterführenden Studiums offen darlegen. Es wäre schön, wenn auch sachkundige Experten und ausgebildete Kennerinnen tierischer Fachgebiete Freude und Anregung geniessen, obwohl wir hier mit einer populärwissenschaftlichen, allgemeinverständlichen und auf spezielle Attraktionspunkte konzentrierten Darstellung keine minutiösen Studien im geregelten Strom der Tierkunde vorlegen. Wir unternehmen jedoch eine unbeschwerte, abenteuerliche Ufer-Promenade im mythologisch-romantischen Urwald, durch parazoologisches Dickicht zu alten und neuen Geheimnissen der Entwicklungsgeschichte.

Kultur soll keine papierraschelnde Pflichtübung sein, sondern eine freudige Kür – ein edles Vergnügen, das auch Spass bereiten darf. In diesem Sinne möchte unser «Panopticum» zwar durchaus seinen kompendialistischen «Bildungsauftrag» erfüllen, darüber hinaus aber auch zu genüsslichem Schmunzeln anregen.

Wir wollen den Charme der alten Zeiten im bunten Fächer zoo(un)logischer Kuriositäten neu aufleben lassen. Es liegt uns daran, zu erweitern und zu erheitern – das Spektrum möglicher Betrachtungsweisen auch durch scheinbar unmögliche Aspekte zu ergänzen.

Es galt, aus der Fülle jahrelang gesammelter Dokumentationen eine Auswahl zu treffen, da ja logischerweise der ganze grosse Riesenacker zoologischen Wildwuchses nicht auf einmal bestellt werden konnte. Dass aus dieser zwangsweisen Selektion automatisch auch «Ungerechtigkeiten» gegenüber einzelnen Tierarten entstanden sind, bedauert der Verfasser selber wohl am meisten. Pferde und Esel, Kühe und Stiere, Löwen und Tiger hätten sicher auch ein Bad im Meer der Sensationen verdient.

Durch ihre lebhafte Nachfrage nach weiteren Bänden dieser Art könnte es den interessierten Leserinnen und Lesern gelingen, den Autorenvater und die Verlagsmutter zu neuen Kontakten, respektive zu einem Ausbau unserer «Panopticums»-Menagerie zu bewegen.

Apropos Panopticum:

«Panopticum – die Allschau! Alles wie lebend! Alles wie echt!» riefen die «Anreisser» an der Berliner Friedrichstrasse, wenn sie Passanten in Castan's Panoptikum oder in das «Passage-Panoptikum» lockten.

Panoptiken zeigten Wachsfiguren von Berühmtheiten, sie waren auf Extremfälle spezialisierte anatomisch-pathologisch-ethnologische Kleinmuseen, sie vermittelten «Darstellungen aus dem Gebiete des Körperlebens des Menschen» in einer nur dezent-erotischen «Peep-Show» der Jahrhundertwende, der Belle Epoque zwischen 1890 und 1910.

Lexikalisch steht das Panoptikum sinnigerweise zwischen Panopthalmitis (Augenerweiterung) und dem Panorama, der «All-Übersicht»:

«Das Panoptikum (griech.) ist eine alles zur Anschauung bringende Anstalt, also eine Sammlung von Apparaten zur Belehrung und/oder eine Kollektion von vielerlei Gegenständen wie Wachsfiguren oder historisch, kulturgeschichtlich oder ethnographisch interessanten Abnormitäten.»

Matthias Hoppe aus Erfurt zeigte um 1910 unter dem Motto «Gesundheit im Alltag – Gesundheit ist Freude – Gesundheit ist Lebensglück» eine besondere «hygienische» Panopticums-Schau über den Menschen in gesunden und kranken Tagen:

«Das Wunder des Lebens – erkenne dich selbst!» Operationsbilder, «Ein junges Mädchen – vom Blitz erschlagen!», und Sezierszenen boten unter pseudomedizinischen Vorwänden viel Haut und Sinneskitzel.

«Das Wort ‹Panopticon› wurde Ende des 18. Jahrhunderts vom englischen Philosophen und Staatsrechtler Jeremy Bentham aufgegriffen und als terminus technicus bekannt gemacht. Er bezeichnete damit eine von ihm entwickelte Methode, ‹durch die Macht des Blicks› Verbrecher zu guten Menschen und säumige Landarbeiter zu fleissigen Fabrik-Angestellten umzuerziehen.»

Bentham «erlebte» als Leiche ein Schicksal, das seiner abstrusen Idee eines «Panopticon»-Instituts zur Züchtung bürgerlicher Tugenden ebenbürtig war: Testamentarisch verfügte der spleenige Gelehrte, dass seine Freunde zur öffentlichen Sektion seines toten Körpers eingeladen werden sollten. Die von ihm vorgeschriebene Mumifizierung seines Schädels nach neuseeländischer Art misslang. Man versenkte den Kopf deshalb im Skelett und präsentierte dieses (mit einem Wachskopf) im Anzug Benthams in einem Glaskasten – ganz so, wie es der schrullige Snob in seinem letzten Willen verfügt hatte. «So, als ‹Auto-Icon›, sitzt der Erfinder des Wortes ‹Panoptikum› noch heute in seiner Schaukabine im Treppenhaus des Londoner University-College, das er mitbegründet hatte.»

1873 stellten die Brüder Louis und Gustav Castan in der 128 Meter langen glasgedeckten Passage zwischen der Friedrichstrasse und «Unter den Linden» in Berlin ihre bald einmal weltberühmte Sammlung von Wachsfiguren und Raritäten aus:

«Es begannen glänzende Tage für unser Institut. Fürsten und sonstige Persönlichkeiten von Rang und Würde aus aller Herren Ländern zählten fast täglich zu unseren Besuchern und berühmte Künstler, Gelehrte und Schriftsteller gehörten zu den ständigen Gästen des Hauses. Nicht selten vereinigten glänzende Feste die Crème der Gesellschaft zu anregender Geselligkeit.»

Richtschwerter (die Originale!) aus 34 deutschen Städten, die Harfe Marie Antoinettes und Goethes himmelblaue Lieblingstasse gehörten zu den Schaustücken von Castan's Panoptikum, das schon 1879 eine Filiale in Köln eröffnete, die den Betrieb mit einer Pinakothek von 110 vorwiegend historische Szenen darstellenden Gemälden erweiterte.

«Wir haben alles aufgeboten», versicherte dann das Management der 1905 eröffneten zweiten Castan-Filiale in Frankfurt, «um ein mustergültiges Institut in vornehm-künstlerischem Sinne zu schaffen. Dem Unterhaltungsbedürfnis wird in ausgedehntem Masse Rechnung getragen, nicht minder aber auch dem belehrenden und wissenschaftlichen – das beweist die grosse, über 2000 Stück enthaltende ethnographische Ausstellung, eine ausgezeichnete völkerwissenschaftliche Demonstration.»

Haupt- und Zugstück des die Brüder Castan konkurrenzierenden Berliner «Passage-Panopticum» war ein riesiges Panorama der Sintflut. Es zeigte «wild durcheinandergeworfenes, in Knäuel zusammengeballtes Getier jeder Art, Krokodile und Tiger, zottige Stiere, riesige Dickhäuter und mit den Wellen kämpfende Edelhirsche, von dem endlosen Wogenschwall fortgerissen. Die in ihrer Angst sich gegenseitig vernichtenden Tiere werden hoch überragt von einem mächtigen Mammut, das, selbst von einer Löwin angefallen, den Löwen mit dem Rüssel in die Luft schleu ner Flucht aus dem Wege zu räumen ...

Eine Spezialabteilung war das «Extrakabinett für Erwachsene». Eine Tafel am Eingang zu diesem «Allerheiligsten» (mit überdimensionierten Chromoplastiken menschlicher Geschlechtsorgane) verkündete imperativ: «Jetzt nur für Damen.» Eine Viertelstunde später drehte der Wärter das Plakat um: «Jetzt nur für Herren ...» «Allzulange kann man sich die pikanten Seltenheiten nicht betrachten, denn draussen scharrt schon das andere Geschlecht.»

Bevor nun auch unsere Leserinnen und Leser ungeduldig zu scharren beginnen, weil wir sie mit unserem Vorwort noch vom Eintritt in unser – ausschliesslich tierisches – Buch-Panoptikum abhalten, wollen wir schnell zu den längst fälligen Verdankungen kommen:

Einmal mehr (siehe «Nostalgia»!) ist es mir eine Ehre und ein Vergnügen, Paul Göttin für das gediegene Arrangement dieses Buches herzlichst zu danken. Ein Text- und Bildband mit rund 350 Illustrationen bedingt eine subtile, einfallsreiche, ausgewogene und doch freie und attraktive Gestaltung, damit Inhalt und Präsentation übereinstimmen. Neben persönlichen Sympathien und dem Verständnis des Grafikers für die Ideen und Vorstellungen des Autors sind zu einer solchen Alliance cordiale auch ein profundes Fachwissen, jahrzehntelange «Buch-Erfahrung» und eine umfassende Allgemeinbildung unerlässlich. Paul Göttin erfüllt alle diese Voraussetzungen in schönstem Masse. Die Zusammenarbeit mit ihm macht viel Vergnügen. Das gilt auch für den Verlagsleiter, Hans Bill. Sein freundliches Wohlwollen und sein Vertrauen haben schon in den ersten Arbeitssitzungen die Geburt dieses zweiten Bildbandes unserer kurios-nostalgischen Buch-Trilogie leicht gemacht. Hans Bill hat die verlegerischen Wege geebnet, Termine koordiniert, den administrativen Aufwand reduziert und ein Klima speditiver Zusammenarbeit gefördert.

Wieder sind mir Dokumentationen und Einzelbilder aus den Sammlungen von Fritz K. Mathys und seiner Gattin Gaby in verdankenswerter Grosszügigkeit zur Verfügung gestellt worden.

Danken darf ich auch – einmal mehr – meiner Lebensgefährtin Marlies Huber für Kritik und «Rückendeckung». Ohne den liebenswürdigen Kreis der Sympathisantinnen und Gönner, die mich immer wieder zu neuer Aktivität ermuntert haben, wäre mit dem Mut zur zeit- und kraftraubenden Dokumentationsarbeit oft entschwunden.

Ich bin froh und glücklich, meiner immer grösser werdenden Lesergemeinde einen weiteren kulturfreudigen Bildband vorlegen zu dürfen.

Hans A. Jenny

PS:
Weil Sie, aufmerksame Leserin, und Sie, gründlicher Leser, dieses Vorwort mit Ihrer geschätzten Aufmerksamkeit gewürdigt haben und demzufolge nicht zu den oberflächlichen schnellen Überfliegern(innen) gehören, darf ich Ihnen – sozusagen als Belohnung für Ihr intensiveres Interesse – ein Geheimnis verraten: Das Kapitel über die Rhinogradentia auf Seite 96 ist mit äusserster Vorsicht zu betrachten! Wir haben deshalb auch die Quellenangaben mit einem «Sternchen» unterteilt. Die ersten vier Publikationen über die imaginären Tiere sind effektiv als wissenschaftliche Scherze erschienen. Die Schriften von Cnalgass, Bonhomme und Bromeante de Burlas y Tonterias (Spass, Spott und Dummheit) hingegen sind nirgends erhältlich ...

Bobby und seine gelehrigen Kollegen

Der deutsche Generalfeldmarschall von der Goltz und sein Mitarbeiter Generalleutnant Imhoff verirrten sich eines Nachts im Herbst 1909 nach einem Manöver in der Türkei. Stundenlang suchten die beiden Offiziere nach einem Weg zum nächsten Dorf. Da bat von der Goltz den Generalleutnant, der sich schon oft als talentierter Tierstimmenimitator bewährt hatte: «Imhoff, bellen Sie, so laut Sie können!» Diesem eigenartigen Befehl seines Vorgesetzten gehorchte der Generalleutnant so kräftig, dass sich bald ein Echo aus der Finsternis meldete. Ein Dorfköter gab Antwort. Der Feldmarschall lachte und rief: «Sehen Sie, das Hundevieh dort ist auf den alten Trick hereingefallen – jetzt reiten wir in diese Richtung!» Schnell hatten die Herren ein Dorf und dann die Strasse zu ihrem Quartier gefunden.

Die dänische Post engagierte 1987 einen Tierpsychologen, der den oft von bissigen Hofhunden geplagten Landbriefträgern vordemonstrierte, wie sie zurückknurren oder zurückbellen müssen, um die vierbeinigen Wächter zu beruhigen oder gar einzuschüchtern.

*

Am 12. Oktober 1979, um Mitternacht, jagte der Polizeibeamte Gynnar Tynell in der schwedischen Kleinstadt Orsa drei flüchtenden Autodieben grosse Angst ein, als sie ihr Fahrzeug in einer Sackgasse stehenliessen und in einen Wald rennen wollten: «Halt oder ich lasse die Hunde los!» schrie der Hüter des Gesetzes und bellte derart furchterregend, dass die drei Gauner sofort stehenblieben. Sogar sein Polizeikollege hatte geglaubt, dass mehrere Hunde im Anrücken seien ...

*Bei Winterstein im Thüringer Wald zeigen die Einwohner den Fremden das «Stuczel»-Denkmal: «Hier liegt der Hund begraben!» Stuczel trug jahrelang Liebesbriefe zwischen der schönen Hilarie von Wangenheim (sie lebte auf Schloss Winterstein) und dem tapferen Ritter Kurt von Wenckheim (er stand in Diensten des Herzogs Ernst von Gotha auf Burg Friedenstein) hin und her. Als die beiden dann später glücklich verheiratet waren, besorgte der talentierte Bote seiner Herrschaft täglich in einem Körbchen die Einkäufe. Stuczel starb am 19. März 1650. Die Inschrift auf seinem Grabe lautet: «Ano 1650 Jar, der 19. Marci war, ward ein Hund hieher begrawen, das in nicht fressen die Rawen. War sein Name Stuczel genant, Fürsten und Hern wol bekant. Geschach ub seiner grosse Treuligkeit, die er seine Hern und Frauen beweist.»
Kurt von Wenckheim nannte sich übrigens zu Ehren seines Hundes «Kurt Hund von Wenckheim» ... Die Witwe Wenckheim versprach dem Pfarrer von Winterstein einen namhaften Beitrag an die Kirchenrenovationskosten, wenn er entgegen strenger Vorschriften ihren Stuczel innerhalb des Ortsfriedhofes begraben würde. Der Geistliche «arrangierte» sich, wurde jedoch später von seinem Vorgesetzten «zurückgepfiffen», worauf man Stuczels Leiche wieder ausgrub und separat, ausserhalb des «geweihten Bezirks», beerdigte. Ob die grosse «Kirchenspende» der Frau von Wenckheim dann wieder retourniert wurde, verschweigt die Geschichte ...*

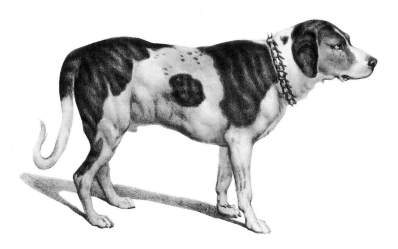

Der berühmteste Rettungshund aller Zeiten war Barry. Er lebte von 1800 bis 1814 und soll insgesamt 40 Menschen das Leben erhalten haben. Einmal grub er ein verschüttetes Kind aus dem Schnee und trug es auf seinem Rücken ins Hospiz der Mönche auf dem St. Bernhard-Pass. Als Barry einen im Schnee schlafenden napoleonischen Deserteur fand und ihn durch eifriges Schlecken mit der Zunge aufwecken wollte, glaubte dieser, der Hund sei ein Wolf. Der Soldat griff zum Säbel und verletzte Barry schwer. Ein Hundefreund pflegte dann den hilfreichen Bernhardiner noch zwei Jahre lang in Bern, bis Barry an seinen Wunden und auch an Heimweh nach den Bergen starb. Barry hiess übrigens als Jungtier Bärli und hatte einen Sohn, der der Liebling des französischen Marschalls (und Fürsten von Neuenburg) Alexandre Berthier wurde. Als Ehrung für den Original-Barry taufen die Bernhardiner-Mönche immer den stärksten und schönsten Hund ihrer Zucht mit diesem Namen. Ein grosses Barry-Denkmal im Pariser Hundefriedhof von Asnières schildert Leben und Taten des unvergessenen Helfers.

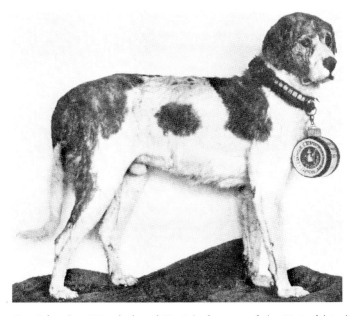

Der Schweizer Wunderhund Nr. 1 ist heute noch im Naturhistorischen Museum in Bern als ausgestopfte Erinnerung (samt umgehängtem Schnapsfläschchen) zu betrachten. In Form, Haarkleid und Gestalt gleicht dieser 1815 ausgestopfte und 1923 überarbeitete (heutige) Dermoplastik-Barry weder dem historischen Vorbild noch seinen jetzigen Nachkommen, die durch Kreuzung mit dem Neufundländer und dem Mastiff plumper und schwerer geworden sind. Die Barry-Replik im Hospiz zeigt recht deutlich, dass der Original-Barry noch ein echter Küherhund mit schwachem Stirnabsatz und ziemlich flacher Stirn war.

Einer Mieterin an der Geary Street in New York drohte die Kündigung, weil der Hausherr ihr mit energischem Hinweis auf den Mietvertrag das Halten eines ihr eben geschenkten Hundes in der Wohnung untersagte. Er stellte sie vor die Alternative: den Hund aufgeben – oder ausziehen. Die Frau verkaufte wohl oder übel den Hund, sann aber auf eine gesetzlich nicht anfechtbare Rache: Sie schaffte sich einen Papagei an und brachte diesem das Bellen bei...

*

Der Philosoph, Schriftsteller und Historiker Golo Mann – Sohn des nicht minder prominenten Thomas Mann – wurde 1983 von der Journalistin Isolde Wieland über seine Beziehung zu seiner pechschwarzen Labradorhündin «Bjelka» befragt: «Ich könnte eher ohne Fernsehapparat und ohne Zeitungen leben als ohne Hund!» meinte der Gelehrte.

*

Kaiserin Elisabeth von Österreich (Sissi) war eine leidenschaftliche Hundefreundin. In ihrem ungarischen Schloss Gödöllö betreute ein spezieller Hundewärter 35 Tiere. Der russische Barsoi «Ajax» und der Schäfer «Horseguard» waren ihre besonderen Lieblinge. Als die schwermütige Monarchin Ende September 1898 in Wien in der Kaisergruft bestattet wurde, lag auch ein kleines goldenes Medaillon mit den Haaren von «Ajax» auf dem Sarg.

Das war die Sensation des Pariser «Jardin des Plantes» im Jahre 1836: Eine Löwin als Amme eines Windhundes!
Die «Ménagerie du Muséum d'Histoire Naturelle» (wie der «Jardin des Plantes» auch genannt wird) ist der älteste Zoologische Garten der französischen Hauptstadt. 1793 gegründet, erhielt die «Ménagerie» schon 1795 vom Revolutionsgeneral Pichegru zwei in Holland erbeutete Elefanten. Als der Bürgerkönig Louis Philippe 1827 die erste Giraffe in den Zoo führte, gab er ihr eigenhändig Rosenblätter als kulinarischen Willkommensgruss zu fressen.

Der deutsche Reichskanzler Fürst Bismarck behauptete, seine Doggen, die sogenannten «Reichshunde», verfügten über menschenpsychologische Fähigkeiten. 1878 allerdings biss der Reichshund Tyras den russischen Staatskanzler Gortschakow in den Hosenboden – eine Attacke, die um ein Haar zum Abbruch der diplomatischen Beziehungen zwischen Deutschland und dem Zarenreich geführt hätte.

Fürstin Marie von Bülow – ihr Gatte war von 1900 bis 1909 Kanzler des Deutschen Reiches – hatte einen schwarzen Pudel. Dieser «Reichspudel» lauschte stets andächtig, wenn die Fürstin – eine Schülerin von Franz Liszt – am Flügel spielte und sang.

Madame Dubarry, die Geliebte des französischen Königs Ludwig XV., vergötterte ihren Mops «Dorine». Er durfte ein goldenes Halsband tragen und Kaffee aus einer goldenen Schüssel schlürfen. Als die Dubarry noch Marie Jeanne Bécu hiess, hatte sie sich mit den Kartenkunststücken ihres Schosshündchens «Bijou» zuerst den Grafen Dubarry und dann später noch Seine Majestät höchstpersönlich «geangelt» ...

*

Die Zarin Katharina II. von Russland führte täglich ihren Windhund «Hirsch» im Park des Petersburger Schlosses spazieren. Ihre Ehe mit Zar Peter wurde übrigens von einem anderen königlichen Windhundliebhaber, von Friedrich dem Grossen, vermittelt. Napoleon hingegen hatte Pech mit dem Hund seiner Josephine: «Fortunée» biss ihn in der Hochzeitsnacht ins Bein ...

*

«Drei Hühnerhunde und zwei Dackel lagen auf dem Estrich unter meinem Fenster und schnappten nach den Mücken ...», schrieb Annette von Droste-Hülshoff, als sie noch auf ihrer Wasserburg in Westfalen lebte.
Bei der ersten Begegnung zwischen der Dichterin und ihrem späteren Geliebten Levin Schücking in Meersburg am Bodensee sprang «Sultan», ein grosser schwarzhaariger Rüde von Ulmer Rasse, dem Gast so zähnefletschend entgegen, dass dieser um sein Leben fürchtete.

*

Die Opernsängerin Frieda Hempel, Prinzessin Viktoria von Preussen, die russische Tänzerin Anna Pawlowa und die blinde und taubstumme amerikanische Schriftstellerin Helen Keller – sie alle wurden ihr ganzes Leben lang von Hunden begleitet.

Der Wunderhund Munito trat um 1818 in «ausgewählten Zirkeln» in Paris auf. Mit einem Kartenspiel oder Dominosteinen demonstrierte er den Zuschauern die Zukunft und zeigte auch Zauberkunststücke, wobei ihn sein Herr mit kaum hörbaren Zurufen lenkte.

Nicht nur die mittelalterlichen Ritter trugen Panzerrüstungen – auch ihre Hunde wurden gegen Speerstösse und Schwerthiebe gesichert.

An der Pariser Weltausstellung von 1855 bestaunten die Besucher diesen phantastisch kitschigen Vierhundetisch.

Als «Baltiks» Vorgänger «Nil» im Sterben lag, unterbrach François Mitterrand mehrmals die Gespräche mit dem damals in Paris weilenden Kreml-Chef Gorbatschow und besuchte in der Tierklinik seinen sterbenden Vierbeiner. Labradorhunde wurde übrigens auch von Mitterrands Vorgängern Georges Pompidou und Valéry Giscard d'Estaing gehalten. Bei letzterem hiessen sie «Samba» und «Jugurtha».

*

Bei den Präsidentschafts-Vorwahlen im amerikanischen Bundesstaat Connecticut meldete sich 1984 ein Albert Hamburg. Er forderte von der Wahlleitung, dass man seinen Hund «Woofer» auch ohne die nötigen Unterschriften von 5400 Sympathisanten als Kanditaten zulassen solle, da viele seiner Anhänger wildlebende Tiere seien, die nicht Englisch lesen und schreiben könnten.

*

Als im Frühjahr 1984 in Tripolis zwei gegen den libyschen Staatschef konspirierende Studenten hingerichtet wurden, liess ein Unbekannter aus der Menge einen in Gaddhafis Oberstenuniform gekleideten Hund laufen, der in der Schnauze das «Grüne Buch» des Diktators trug. Der rebellierende Vierbeiner wurde natürlich prompt von den Leibwächtern des Despoten erschossen.

Drei flotte Sportshunde fahren Toboggan – eine auch im Hintergrund hundefreundliche Kitsch-Postkarten-Szene von anno 1907.

Der gusseiserne Zierhund als «Porte-Montre» – eine französische Idee aus der Zeit der Jahrhundertwende.

Um 1910 stellte die französische Hundfachpresse «Monsieur Toutou» vor: Links mit Überzieher und «Bottines de sortie», in der Mitte in seinem weidengeflochtenen «Palais» und rechts im Automobilkostüm samt Schutzbrille.

Der Hund des früheren französischen Staatspräsidenten François Mitterrand lebte wie «Gott in Frankreich». Dem Labrador «Baltik» wurde das Fressen auf Porzellantellern gereicht. Gewöhnliches Leitungswasser war für ihn tabu – nur Mineralwasser war für ihn gut genug. «Baltik» wurde von seinem Herrn stets per «Sie» angesprochen. Wenn er Besucher des Staatschefs beschnüffelte, wies ihn Mitterrand streng zurecht: «‹Baltik›, verhalten Sie sich ruhig! Belästigen Sie nicht meine Gäste!»

Eine Hundedressur-Nummer aus einem Moskauer Zirkus in den sechziger Jahren. Zwei der gelehrigen Vierbeiner bearbeiten den Flügel, während der Schäferhund neben seinem Meister auf das Einsatzzeichen zum Glockenspiel wartet.

Im August 1858 bewies der französische Zeichner Stop an sieben Beispielen, dass sich verschiedene Menschentypen die jeweils zu ihnen passenden Hunde aussuchen und dass dann erstaunliche physiognomische Verwandtschaften entstehen.

Anno 1899 porträtierte der Maler Francis Barraud seinen Hund Nipper, wie er der aus dem Grammophontrichter ertönenden Stimme seines Herrn lauschte. Bald darauf brachte die vom Deutschen Emil Berliner gegründete Londoner Gramophone Co. Ltd. ihre Platten nur noch mit dem Etikett «His Master's Voice» heraus: Der angestrengt mit geneigtem Kopf horchende Hund wurde zum Schallplatten- und Musikfreuden-Begriff für Millionen.

Diese Aufnahme des «kopflosen» Nippers erschien den Werbemanagern der Gramophone Co. Ltd. als «zu intensiv» ...

Rex III., der berühmteste englische Polizeihund, stellte 125 Verbrecher. Mit ihm wurde in den fünfziger Jahren auch seine eigene «Amtskarriere» verfilmt. Hier «hilft» Rex der Polizeisekretärin bei der Beantwortung der Fanpost.

Dieser Toy White-Pekinese hatte eine Schulterhöhe von minimalen 8 cm und wog leichte 1,3 kg. Der putzige Kleine fand bequem in einer Kaffeetasse Platz.

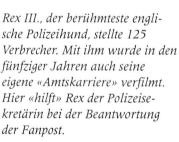

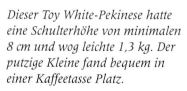

Im Jahre 1950 wurde in Oakland im amerikanischen Bundesstaate Kalifornien Hunde verschiedener Rassen zu einer Dressurübung in den Zuschauerraum eines Theaters gesetzt. Man prüfte (wie das Bild beweist mit Erfolg), ob sich die Hunde auch in der Gemeinschaft an das «Sitz!»-Kommando halten würden.

Happy-End im Hundemärchen: «Sie sahen sich in die Augen und wussten sofort: Das ist die grosse Liebe!» Cinderella und ihr Prinz präsentieren sich zur Hochzeitsaufnahme.

Die Affenpudel Affi und Nedde gehörten der in die Mayerling-Affäre (Tod des österreichischen Kronprinzen Rudolf und seiner Geliebten Mary Vetsera) verstrickten Gräfin Larisch-Wallersee.

An der Pariser Hundeausstellung von 1891 war auch der Karikaturist der «Illustration» dabei. Er entdeckte dort die kleine Baronin mit ihrem Diener, der ihr das Mini-Schosshündchen auf einem Seidenkissen nachtrug.

Ein zierliches Hunde-Oktett samt (imposanter) Herrin – eine weitere zeichnerische Impression vom Pariser Hundesalon 1891.

Wenn man diesem mit seinen Glasaugen treuherzig dreinblickenden Nippeshund unterm Halsband kraulte, kam ein Tintenfass zum Vorschein.

Im Mittelalter wurden Jagd- und Kriegshunde ihren Herren auf solchen «Hundeschiffen» nachgefahren. Da edle Rassehunde damals auch königliche Gastgeschenke waren, wurden oft ganze Zwinger mit speziell eingerichteten Segelschiffen verfrachtet.

«Für uns ist eine traurige Zeit gekommen – jetzt verkaufen sie uns sogar schon in Blechbüchsen!» jammern die beiden Möpse in den «Fliegenden Blättern» des Jahrgangs 1906.

Eine trächtige Hündin sorgte im Herbst 1979 in Nomeny in Lothringen für erhebliche Aufregung. Nach einem Familienessen sass man gemütlich beim Kaffee, während die Hündin gierig die vom Diner übriggebliebenen Pilze verschlang. Plötzlich begann das Tier zu winseln, zu schwanken und sich zu übergeben. Die Gesellschaft war wie vom Donner gerührt und bekam es mit der Angst zu tun. Man alarmierte den Hausarzt, der alle Gäste sofort in das Spezialkrankenhaus für Vergiftungserscheinungen nach Nancy dirigierte. Dort wurde der ganzen Gesellschaft vorsichtshalber die Mägen ausgepumpt, während man gleichzeitig entnommene Blutproben analysierte. Die Pilzfreunde konnten beruhigt werden – keine Spur von Pilzgift! Etwas geschwächt, aber sehr erleichtert, kehrten alle wieder am späten Nachmittag nach Nomeny zurück, wo sie in der Wohnung von der schweifwedelnden Hündin und mehreren inzwischen eingetroffenen Hundebabys begrüsst wurden ...

*

Im Jahre 1961 stellte der Dreispringer Joao Pelha in Balhaens in Brasilien mit einer Leistung von 15,21 Metern einen neuen Rekord auf. Wie der Athlet den Reportern verriet, verdanke er seinen Leistungsaufschwung dem regelmässigen Genuss einer Kraftnahrung für Hunde. «Ich bin durch Zufall daraufgekommen», erklärte er. «Einmal waren bei uns zu Hause die Essensvorräte knapp geworden. In der Vorratskammer fand ich nur noch eine Büchse Hundefutter. Ich öffnete sie und versuchte. Es schmeckte nicht schlecht. Ich fühlte mich ausgesprochen wohl und erzielte an diesem Tage eine Bestleistung. Von da an ass ich täglich von dieser Kraftnahrung. Nach meiner Erfahrung ist es eine ideale Aufbesserung des normalen Speisezettels für einen Athleten. Man sollte das einmal ganz allgemein ausprobieren ...»

*

Bei Curt Riess, dem berühmten Sachbuchautor, und seiner Gattin, der nicht minder populären Filmschauspielerin Heidemarie Hatheyer, klingelte Tag und Nacht das Telefon. Irgendwelche Fans wollten «einfach» mit den beiden Stars plaudern ...
Schliesslich half sich das prominente Paar mit einem witzigen Tonband. Die erstaunten Anrufer hörten zuerst ein Gebelle, gefolgt von einer tiefen Stimme: «Hier ist Bello, der Haushund, bei Curt Riess und Heidemarie Hatheyer. Nur einen Moment, bitte, ich verbinde Sie sofort mit dem Hauskater Mauz.» Nach erneutem Gebelle folgte ein längeres Miauen, bevor sich Mauz meldete, der seinerseits an Raschel, die Hausmaus, weitergab. Weitere Haustiere folgten im Sinne einer richtigen Bremer Stadtmusik, bis schliesslich die gestressten Fans im Gedanken an die immer üppiger werdende Telefonrechnung entnervt aufgaben.

*

«Ich bin kein Mensch», sagte 1979 der Showstar Liza Minelli, «wenn ich nicht mindestens zweimal täglich mit meinen vier Hunden telefoniere.» Wenn sie auf Reisen war, wählte Liza jeden Morgen um zehn und jede Nacht um 24 Uhr die Telefonnummer ihres Bungalows in Hollywood. Dort meldete sich ihre Haushälterin Miss Davies. «Geben Sie mir Mildred, Sandra, Evelyn und Max!» bat Liza, und dann flötete sie die Namen ihrer Lieblinge in die Muschel, wobei sie hie und da auch ihre Hunde «anbellte». Mit schöner Regelmässigkeit antworteten die Vierbeiner mit einem verständigen «Wau, Wau».

Der berühmteste aller Collie-Hunde hiess ursprünglich «Pal». Geboren wurde er genau dort, wo er später seinen Weltruhm erlebte – in Hollywood. Weil er für einen Rassehund (schottischer Schäfer = Collie) einen viel zu grossen Kopf hatte, verkaufte ihn sein Herr für hundert Dollars an den Hundedresseur Weatherwax. Als dann die MGM-Filmgesellschaft nach einer Geschichte von Eric Knight 1943 einen Hundefilm drehen wollte, wurde «Pal» unter dem Künstlernamen «Lassie» engagiert. Nach diesem «Lassie Comes Home»-Debüt (das übrigens auch den Kinderstar Elizabeth Taylor berühmt machte …) folgten Dutzende weiterer Lassie-Filme. Im Sommer 1980 wurden 26 neue Lassie-Folgen fürs Fernsehen gedreht. Sehr praktisch war es dabei für die Produzenten, dass sie den «Text» des Hauptdarstellers nie in Fremdsprachen übersetzen mussten: Lassies Bellen und den Blick seiner treuen Hundeaugen verstand man auf der ganzen Welt!

Gregory Peck hatte einen Hund, den er «Mister Detwyler» nannte. Für ihn liess der Filmstar 125 massgeschneiderte Hüte anfertigen. «Tagsüber bevorzugt ‹Mister Detwyler› einen Deckel im Schottenkaro, aber abends, wenn wir gemeinsam ausgehen, lässt er sich gerne einen glänzenden, schwarzen Seidenzylinder aufsetzen …»

*

Barbara Streisand hatte sich – in Form eines Hundeknochens – ein spezielles Schwimmbad für ihren Dackel bauen lassen.
Steve McQueens Drahthaarfox kurvte mit Rollschuhen an den Pfoten durch die Gegend, und Omar Sharif hatte seinen Pudel «mehr oder weniger gut» Bridge spielen gelernt.
Der Sänger Hermann Prey nannte seinen Schäferhund «Ultimo», weil er an einem Monatsletzten, nämlich am 31. März, geboren wurde.

*

Auf dem Rückzug der napoleonischen Armee aus Russland im Winter 1812 kam auch ein Korporal im Korps des italienischen Vizekönigs Eugène Beauharnais an der Beresina in Schwierigkeiten: Auf einer Eisscholle trieb er nach der Schlacht an diesem Schicksalsfluss im Strom, konnte sich dann aber ans Ufer retten. Im Gedränge der Panik beim Übergang über die drei behelfsmässigen Pontonbrücken verlor er jedoch seinen in vielen Feldzügen treu ergebenen Hund «Moffino». Der Korporal glaubte, das Tier sei ertrunken. 15 Monate später, als sein Herr längst

Der «Dogs Toilet Club» in London verpasste um die Jahrhundertwende dem modischen Mops der «High Society» einen Spezialschirm gegen das Hundwetter. Zur fashionablen Ausstattung gehörte auch ein Überzieher mit den eingestickten Initialen der Herrin und Gamaschenschuhe für die Pfoten.

Um 1850 promenierten in London Hundeverkäufer in den vornehmen Geschäftsstrassen, wobei sie ihre «Ware» gleich unterm Arm trugen oder an der Leine führten.

Jean Isidore Gérard publizierte unter dem Namen Grandville seine legendären «Scènes de la vie privée et public des Animaux». «Ein Mensch, der sich stolz von seinem Hund fortziehen lässt», betitelte der Künstler diese durch verkehrte Proportionen verblüffende Zeichnung.

wieder in seinem Dorfe in der Umgebung von Mailand lebte, erschien «Moffino» eines Tages plötzlich wieder. Er war von den Strapazen seines «Rückmarsches» über Hunderte von Kilometern so abgemagert, dass ihn sein Meister erst gar nicht erkannte. Verhaltensforscher und Hundekenner mögen darüber streiten, ob «Moffinos» Witterung oder Instinkt ihn tatsächlich eine so weite Wanderung unternehmen liessen. Das alte zoologische Rätsel des Heimfindungsvermögens der Tiere ist weitgehend ungeklärt. Im betreffenden Dorfe in der Lombardei jedoch erzählt man sich die Geschichte vom treuen «Moffino» noch heute.

*

Er hiess «Lampo». Jahrelang wartete er in Campiglia in Italien jeden Tag auf den Schnellzug von Pisa nach Rom. Immer sprang er schnell in den Speisewagen und liess sich dort von seinen Freunden, dem Koch und dem Oberkellner, verwöhnen. An der nächsten Haltestelle nahm «Lampo» dann den Gegenzug und erreichte so wohlgesättigt wieder seinen Heimatort.

*

Auf dem Londoner Bahnhof Paddington war «Tim» bekannt und beliebt. Immer «inspizierte» er die ein- und ausfahrenden Züge. An seinem Halsband hing eine Sammelbüchse, in die die Reisenden Münzen für einen Witwen- und Waisen-Hilfsfonds steckten. Man glaubte auch, so eine Spende würde Reiseglück vermitteln. Nach zwölf Jahren Arbeit starb «Tim». Man stopfte ihn aus.

Sein konservierter Körper wurde – samt Halsband und Sammelbüchse – in einen Glaskasten in die grosse Bahnhofshalle gestellt, so dass er sein gutes Werk fortsetzen konnte.

*

Bei den Räuber-, Helden- und Liebesromanzen, die früher auf den Jahrmärkten durch die Bänkelsänger dargeboten wurden, spielten auch tapfere Hunde eine edle Rolle.

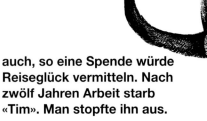

Um 1930 bot die Pariser Firma E. Miguet dieses Zimmerhunde-Pissoir feil. Die Apparatur aus vernickeltem Kupfer mit gläsernen Auffangtöpfen wurde mit einer «Sirenen»-Paste bestrichen, damit sich die Hunde davon angezogen fühlen sollten. Zur Vermeidung von Gerüchen wurde überdies ein Sortiment von 15 verschiedenen Parfums mitgeliefert.

«Nach einer wahren Begebenheit» hörte das Wiener Publikum um 1850 «Das Lied vom braven Hund»:

Lasst, Leute, euch berichten
Eine wundersame Kund'.
Sie ist bei Wien geschehen,
Ihr Held, das war ein Hund.
Es kehrt' ein Gutsbesitzer,
Mit Namen Aloys Klein,
Nach einem Wochenmarkte
In einer Schenke ein.

Er hatte Vieh verkaufet,
Trug bei sich den Erlös.
Das rochen in der Schenke
Zwei Räuber, bitterbös!
Als nun der Gutsbesitzer
Auf d'Nacht zu Bette ging,
Beschlossen die zwei Räuber,
Zu drehn ein schlimmes Ding.

Sie schlichen in die Kammer
Hinein zu Aloys Klein,
Und drangen mit ihr'n Messern
Bedrohlich auf ihn ein;
Schon packten ihn die Schlimmen
An seiner blossen Kehl',
Da schrie mit letzten Kräften
Die alte, arme Seel'.

Das hörte in dem Stalle
Sein treuer Schäferhund;
Er riss sich von der Kette
Und in der Kammer stund
Das Tier, bevor die Mörder
Die Messer setzten an,
Es stürzt sich auf die Kerle
Und rettet so den Mann.

Ein Hund ohne Worte …

Es wurde überwältigt
Die böse Mörderbrut!
Zu Wien, auf dem Schafotte,
Da floss zum Lohn ihr Blut.
Doch in dem Kampfe stachen
Dem Tier sie eine Wund',
Und schon am nächsten Tage,
Da starb der arme Hund.

Es setzt' in seinem Garten
Der Gutsbesitzer Klein
Dem braven Schäferhunde
Von Marmor einen Stein!
Man könnt' aus der Geschichte
Erlernen dieses hier:
Viel treuer als die Menschen
Ist oft ein Hundetier!

*

Als Kind eines Hundes und eines Menschenmädchens sei (so behauptet die Chronik von Johann Wolf) im Jahre 1452 dieser Hundemensch auf die Welt gekommen. «Das ‹Produkt› wurde zur Entsühnung an den Papst geschickt …» Auch Cardanus (im 14. Band von «De rerum varietate», 1557 in Basel erschienen) erwähnte das gleiche Monstrum, bezweifelt aber die Möglichkeit der Empfängnis wegen der verschiedenen Schwangerschaftszeiten, räumt hingegen ein, «dergleichen könne jedoch durch die Macht der Sternenstellung vorkommen».

In London trat 1890 im Kasperletheater von Codling und Short auch ein dressierter Hund auf, der bald zum besonderen Liebling der Kinder wurde.

Dieser «siamesische» Menschenhund respektive Hundemensch wird in einem italienischen Flugblatt von 1585 als «äthiopische Wundergeburt» gepriesen. Aber schon Ulisse Aldrovandi (1522–1605) bezweifelte diese Missgeburt in seinem postum erschienenen «Wunderbuch» «De reliquis animalibus».

Seit 1483 war Hans Waldmann – einer der reichsten Schweizer seiner Zeit – Bürgermeister von Zürich. Anfang 1489 erliess der (noch) allmächtige Herr der Limmatstadt eine Verordnung, die ihm tatsächlich das Genick brach. Die Bauern auf der Landschaft sollten, so verfügte er, sämtliche Hunde beseitigen, weil sie die den hohen Stadtherren vorbehaltene Jagd gefährden würden. Mit grossen Prügeln wurden die Tiere von den Stadtknechten allerorten erschlagen und von einem Wasenmeister sogleich verscharrt. Da rotteten sich auf einer Wiese bei Mettmenstetten im Freiamt über fünfhundert bewaffnete Männer zusammen, ein jeder mit seinem Hund am Strick; Männer, zum Äussersten entschlossen. Zürichs Hundeschlächter mussten unverrichteter Dinge abziehen.
Dieser erfolgreiche Widerstand war das Fanal zum allgemeinen Aufstand gegen die Regierung Waldmann. Als die Stadt von 8000 Bauern belagert war, verhafteten die Ratsherren ihren Bürgermeister und machten ihm den Prozess, der mit dem Todesurteil endete. Am 6. April 1489 wurde Hans Waldmann vom Scharfrichter geköpft – seine Hundefeindlichkeit hatte ihm das Leben gekostet!

Anno 1859 fand in Ludwigsburg («der einsamen Garnisonsstadt bei Stuttgart») ein Hundewettrennen statt. Die Besitzer der Tiere durften ihren Hund am Ende der Rennbahn «unter immerwährendem Anlocken, Rufen, Pfeifen mit den verschiedensten Modulationen» zu einer möglichst schnellen Gangart ermuntern, wobei aber immer wieder Hindernisse in Form von über die Strecke gespannten Seilen mit Würsten, Käsestücken und anderen Delikatessen für Ablenkung sorgten. Es wurden insgesamt fünf Rennen durchgeführt. Windhunde und Bulldoggen, Hühnerhunde und Pudel zeigten ihre Künste separat; «Wachtelhunde, Pinscher, Dachshunde und Scherenschleifer» jedoch in gemischtrassiger Konkurrenz.

Hunde spielen auch im Aberglauben eine interessante Rolle: Der Hund machte die Menschen durch sein Heulen auf einen bevorstehenden Todesfall aufmerksam. Die unverhoffte Begegnung mit einem schwarzen Hund bedeute Unglück. In der Normandie glaubt man, dass alle Hunde dem Teufel gehören – ausgenommen die Hirtenhunde. Wenn ein Hund Gras frisst, sich am Boden wälzt und sich mit den Pfoten kratzt, wird es regnen, glaubt man in England. Dort ist man auch der Ansicht, dass es Glück bringe, wenn einem ein unbekannter Hund nachläuft.

*

Zu Zeiten Metternichs beherrschte der allmächtige Polizeichef und Zensor Sedlnitzky das Wiener Kulturleben. Er konnte durch kleinliche Beanstandungen die Aufführung von Schau- und Singspielen verhindern. Offiziell konnte man gegen diesen beckmesserischen Tyrannen nichts unternehmen. Offiziell ...
Da kam ein stadtbekannter Wiener auf die nicht zu verbietende Idee, seine beiden Hunde «Sedl» und «Nitzky» zu taufen. Zum Gaudium anderer Spaziergänger promenierte der Hundefreund auf dem Stefansplatz und stachelte seine Vierbeiner zu allerhand Eskapaden an, damit er dann laut tadelnd «‹Sedl!›, ‹Nitzky!› Kusch!» rufen konnte.
Bald darauf wurde die Theaterzensur gemildert ...

*

«Meine Frau hat einen Onkel, Junggeselle, Spassvogel, Eigenbrötler in einem», berichtete der Zürcher Kolumnist Felix Bluntschli. «Dieser hat sich einmal, als ihm das Unglück schlechter Nachbarschaft zuteil wurde, kurzerhand einen jungen Boxer zugelegt und ihn ‹Huber› getauft. So nämlich hiess der Nachbar, und der Onkel strafte ihn damit, dass er lautstark in der Gegend herumschrie: ‹Huber, du entsetzliches Vieh! Steck doch deine Schnauze nicht in jeden Dreck! Du bist ein blöder Hund, Huber!›
Der alte Onkel hatte mit seinem ‹Huber› bald durchschlagenden Erfolg. Das ganze Quartier lachte sich über den Scherz schief. Als sich der indirekt beschimpfte Nachbar beim Gericht beklagte, meinte der Präsident, es stehe durchaus im freien Ermessen des Angeklagten, seinen Hund ‹Huber› zu taufen ...»

In seinem «Geheimnuss-Spiegel» von 1739 zeigte R. Lang vor allem Zirkustricks und Hundedressuren. Der Wunderhund demonstriert eben der am Gängelband ihrer Mutter herbeigeführten Martha, dass er genau weiss, wie sie heisst, und dass er ihren Namen aus den übrigen, noch am Boden liegenden Zetteln korrekt «erraten» respektive herausgefunden hat.

Der Hundedresseur Castel führte im Jahre 1901 seinen Schützling «Sultan» vor: «Ohne dass der geringste Zwang auf das Tier ausgeübt wird, gibt ‹Sultan› durch kurzes Bellen die einzelnen Zahlen an, die sein Herr auf die Wandtafel schreibt. Das gelehrte Tier bellt auch den jeweiligen Wert von Geldstücken oder die aktuelle Zeit!»

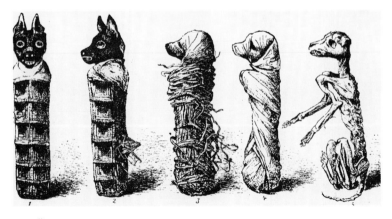

Die Ägypter sahen den Totengott Anubis in der Form eines Hyänenhundes, des Vorfahren unserer Windhunde. Anubis – er war auch Gott der Balsamierer – wurde in der von den Griechen Kynopolis (Stadt der Hunde) genannten mittelägyptischen Siedlung ein spezieller Kult gewidmet. Hunde aller Rassen wurden damals einbalsamiert und pietätvoll bestattet, da man sie als heilige Hausfreunde verehrte. Unsere Darstellung zeigt die Enthüllung einer solchen Hundemumie im letzten Jahrhundert.

Im Pariser Cimetière des Chiens liegt in einem besonders üppigen Grab ein weltbekannter Filmhund-Konkurrent von «Lassie»: «Rin-tin-tin», der 1918 geborene Schäfer, lebte auf der Höhe seines Ruhms in einem grossen Bungalow mit einer ganzen Schar um ihn besorgter Betreuer. Dabei war Rin-tin-tins Herkunft sehr abenteuerlich: Lee Duncan, ein amerikanischer Luftwaffenoffizier, hatte ihn in den letzten Monaten des Ersten Weltkrieges in einem verlassenen Schützengraben gefunden und nahm ihn mit heim nach den USA. Dort machte dann der Findling Filmkarriere. Darryl F. Zanuck, der spätere Hollywood-Zar, schrieb die meisten Drehbücher zu den «Rin-tin-tin»-Filmen. Die Warner Brothers, damals noch eine kleine Produktionsfirma, verdankte den Erfolgen der «Hundeseele» eigentlich ihre Existenz.

*

Nachdem dann auch noch der in vielen Kriminalfilmen auftretende Filmhund «Rex» (samt seinen Nachfolgern «Rex II» und «Rex III») Erfolg hatte, machten «Benji I» und «Benji II» Furore:
1973 suchte der junge Drehbuchautor Joe Camp einen Hund, «der echte Gefühle, Aufrichtigkeit, Besorgnis, Furcht,

Freude, Zärtlichkeit und Liebe vermitteln kann». Obwohl dieses Anforderungsprofil ein bisschen viel aufs mal verlangte, wurde man fündig. Frank Inn besass einen «Higgins», der sich schon im Film «Petticoat Junction» bewährt hatte. Man taufte «Higgins» auf «Benji» um und drehte mit ihm rund 200 TV-Filmfolgen. Ein Sohn von diesem «Benji I» trat dann für seinen zu alt gewordenen Vaterhund in dessen Pfotenstapfen. Drei abendfüllende Filme («For the Love of Benji», «The Phenomenon of Benji» und «Oh Heavenly Dog») überzeugten die Kritiker, dass «Benji II» sogar noch besser als sein Vater wirkte.

Er kam in die «Animal Actor's Hall of Fame» und erhielt 1978 den «Best Animal Award» und den «Patsy Award» zugesprochen. Schliesslich wurde der «selbstbewusste, pfiffige kleine Bastard» zu Amy Carters Geburtstagsparty ins Weisse Haus eingeladen, wo ihm Präsident Carter höchstpersönlich die Pfote schüttelte.

Am 10. Dezember 1919 lief der Küstenfrachter «Ethie» in einem schweren Sturm vor der Küste von Newfoundland auf Grund. Der Seegang war so heftig, dass man weder die Boote zu Wasser lassen konnte, noch war es dem Rettungsdienst an Land möglich, eine Rettungsleine abzuschiessen. Da gab der Kapitän seinem Hund ein Seil in die Schnauze, und das tapfere Tier schwamm durch die schweren Brecher an Land. Schnell hievte der Seerettungsdienst ein stärkeres Tau zum Schiff, und mit einem Bootsmannstuhl konnten alle 92 Passagiere und Besatzungsmitglieder gerettet werden.

Der «Cimetière des Chiens» in Paris (er liegt auf der ehemaligen Ravageur-Insel bei Pont d'Asnières) wurde auf Anregung von Alexandre Dumas dem Jüngeren um 1860 gegründet. Es ist eine privat betriebene Begräbnisstätte, in der auch Katzen und andere Haustiere beerdigt werden. Noch grösser ist der «Pet Memorial Park» in Wantagh auf Long Island, wo auf rund fünf Hektaren über 50 000 New Yorker Hunde, Katzen, Hasen, Enten, Papageien, Meerschweinchen, Mäuse, Affen, Leguane – und sogar eine Heuschrecke namens «Gary» – begraben liegen.

Während des amerikanischen Südstaatenkrieges (1861–1865) wurden auf Seite der «Union» einige Regimenter mit ehemaligen, aus dem Süden entflohenen Sklaven, eingesetzt. Gegen sie liessen die Konföderierten auch Kriegshunde antreten.

Der Chow-Chow «Hatschi» empfing jahrelang in Tokio Tag für Tag am Bahnhof seinen Herrn, wenn er von der Arbeit heimkehrte. Eines Abends aber blieb der Mann aus – er war im Amt verstor-

ben. «Hatschi» wartete vergeblich. Er wartete, von Mitleidigen versorgt, viele Jahre lang bis zu seinem eigenen Tode.
Die japanische Postverwaltung widmete dem treuen Hunde eine Briefmarke!

*

Fast genau die gleiche Geschichte kennen die Einwohner von Luco di Mugello in Italien. Auch «Fido» wartete jeden Abend an der Bushaltestelle, wenn Signor Soritani von der Arbeit kam. Als dann sein Herr einem Unfall zum Opfer fiel, stand «Fido» noch viele Jahre lang pünktlich nach Feierabend am Bus, bis er eines Tages, alt und schwach geworden, auf dem Weg dorthin zusammenbrach.
Die Einwohner von Luco di Mugello liessen ihm von einem Bildhauer ein Denkmal erstellen mit der Inschrift «A Fido – Esempio di Fedeltà».

*

Acht Jahre lang war «Rats» das Maskottchen des Bataillons des Prinzen von Wales in Nordirland. Dann wurde der Hund – eine Terrier-Promenadenmischung mit sehr kurzen Beinen – mit vollen militärischen Ehren in den Ruhestand versetzt.
«Rats» hatte «im Dienst» verschiedene Verletzungen erlitten: Einmal geriet er unter die Räder eines Fluchtautos von Terroristen, ein andermal wurde er durch den Luftdruck einer Bombe weggeschleudert, und ausserdem steckten vier Granatsplitter in seinem kleinen Körper.
Im Februar 1980 verabschiedete sich das ganze Bataillon, in Paradeuniform mit den Bärenfellmützen, auf dem Militärstützpunkt Pribright in der südenglischen Grafschaft Surrey von «Rats». Dann wurde das Tier auf einem Landsitz der Armee in Pension genommen, «wo es den Rest seiner Tage friedlicher verbringen soll».

Immer wieder wurden Hunde zum Drogenschmuggel missbraucht oder zum Diebstahl (wie hier vor einer Metzgerei in Paris um 1910) abgerichtet. Ein ähnlicher Fall wird aus dem israelischen Haifa aus dem Jahre 1972 rapportiert: «Sie sass auf einer Bank im Park, die Einkaufstasche mit der Geldbörse neben sich. Da trabte ein Hund auf sie zu, schnappte sich die Tasche und verschwand. Das verdutzte Opfer alarmierte die Polizei, die sofort Jagd auf das offensichtlich zum Diebstahl fremder Einkaufstaschen instruierte Tier machte.»

*

1626 publizierte der Italiener Tomaso Garzoni den «Allgemeinen Schauplatz aller Künste, Professionen und Handwerke».
Er schilderte in diesem Buche den Auftritt einer Schaustellertruppe mit dressierten Tieren auf einem Jahrmarkte:
«Da kommt einer hinzu, der breitet seinen Mantel auf die Erde, setzet ein Hündlein drauf, welches ut, re, mi, fa, sol, la, si singen kann.
Es macht auch lustige Purzelbäume, bellt auf Befehl seines Herrn den an, der am übelsten bekleidet ist, heult, wenn man den türkischen Sultan nennet; tut auch einen Luftsprung, wenn man ihm den Namen seines Liebchens sagt. Endlich aber ist es um Heller zu tun. Drum hängt ihm der Herr ein Hütlein an die Pfoten und schickt es auf den Hinterfüssen zu den Umstehenden um einen Zehrpfennig, dieweil er noch eine grosse Reise vorhabe ...»

In seinen letzten Stunden machte sich der französische König Louis XI. Gedanken über seinen Hund. Er bat seine Ärzte, man solle doch für das Windspiel ebenso gut sorgen, wie für ihn selber und verlangte, dass die Priester an seinem Todeslager auch für das Tier beteten.

Die grosse Pariser Hundemode: Ein massgeschneiderter Hundefrack mit elegantem, weissem Kragen und dem obligaten «Pochettli» (links). Um die Jahrhundertwende wurden in Madame Ledoubles Haute Couture-Ateliers im Palais Royal auch ein «Theateranzug» (Mitte) und sogar ein Trauerkostüm (rechts) für (diskret) bellende Vierbeiner angeboten.

Quellen:

«Blick» vom 10. Mai 1984 (Ghaddaffi)

Basler «Abend-Zeitung» vom 11. September 1979 («Pilzvergiftung»)

Illustrirte Zeitung Nr. 676 vom 14. Juni 1856 (Stuczel)

Barry:
- «De Sint Bernard», von Ruud Haak
  Verlag Zuid Boekproduksties BV, Lisse, 1989
- «Barry», von Adolf Fux
  Verlag Schibli-Doppler, Birsfelden-Basel, 1976
- «Hunde gegen den Weissen Tod», von Franz Heyer
  Albert Müller Verlag, Rüschlikon-Zürich, 1966
- «Der Bernhardiner», von Hans Räber
  Ott-Verlag, Thun, 1987
- «Book of Dogs»
  Verlag The National Geographic Society, Washington, 1958

«Musée des Familles», 1836/Band 3, Seite 65 (Löwin-Windhund)

«Bismarck», von Eduard Heyck
Verlag Velhagen & Klasing, Bielefeld, 1904 (Reichshunde)

«Books of Dogs»
Verlag The National Geographic Society, Washington, 1958 (Ritterhund)

«Cinderella», von William Wegman
Hyperion-Verlag, New York, 1993 (Cinderella)

«Fliegende Blätter» Nr. 3157, 1906/1 (2 Möpse)

«Schallplatten-Brevier», von Walter Haas und Ulrich Klever
Verlag Ullstein Bücher, Frankfurt, 1958 (Nipper)

«Knaurs Weltgeschichte der Schallplatte», von Curt Riess
Buchclub Ex Libris, Zürich, 1966 (Nipper)

«Hundemoden», von Hans Scharwerker, in «Bibliothek der Unterhaltung und des Wissens», Band 6, 1897
Union Deutsche Verlagsgesellschaft, Stuttgart (Mops mit Regenschirm, Hundemoden)

«Wunder, Wundergeburt und Wundergestalt», von Eugen Holländer
Verlag Ferdinand Enke, Stuttgart, 1921 (Hundemensch, 1452, Menschenhund, 1585)

«Meyers Konversations-Lexikon», Band 3: Cardanus, Band 1: Aldrovandi
Verlag Bibliographisches Institut, Leipzig, 1905 (Hundemensch, 1452, Menschenhund, 1585)

«Encyclopédie des Farces, Attrapes et Mystifications», von François Caradec und Noël Arnaud
Verlag Jean-Jacques Pauvert, Paris, 1964 (Hundepissoir)

«Mannigfaltiges» in «Bibliothek der Unterhaltung und des Wissens», Jahrgang 1914/11. Band
Union Deutsche Verlagsgesellschaft, Stuttgart (Bellender General)

«Zoologische Gärten der Welt» von Rosl Kirchshofer
Neue Schweizer Bibliothek, Zürich, 1966 (Seiten 321/22 – Jardin des Plantes)

«Madame und ihr Mops» – Berühmte Frauen – Berühmte Hunde, von Alexander von Rees
Feder Verlag, München, 1963 (Frauenhunde)

«Wieder auf dem Hund», von Peter Zeindler
«Plus» Nr. 23/1980 (Filmhunde)

«Hoppla, da bin ich!»
«TR 7»/Programmzeitschrift, 1979 (Filmhund Benji)

«Basler Zeitung» Nr. 85 vom 11. April 1980: Letzte Seite (Rats)

«Baslerstab» Nr. 49 vom 28. Februar 1980 (Amerikanisches Hundeleben)

«Basler Zeitung» Nr. 262 vom 8. November 1979 (Bellender Polizist)

«Brigitte» Nr. 17/1979 (Hatschi)

«Die Schöne Welt», ca. 1980 (Lampo)

«Blick» vom 5. Oktober 1980 (Mitterrands Hunde)

«Basler Zeitung» Nr. 184 vom 12. Juni 1981 (Nil, Samba, Jugurtha)

«Der Hund – mein Freund» Nr. 59 vom September/Oktober 1983 (Golo Mann)

«Blick» vom 26. April 1979 (Hunde von Filmstars)

«Nordschweiz» vom 24. Januar 1984 (Präsidentschaftskandidat «Woofer»)

«Leute von Heute», 1961 (Joao Pelha)

Persönliches Erlebnis des Autors (Curt Riess)

«Purzel & Co.», von Fritz Herdi
undatierte Kolumne im «Brückenbauer» (Hunde von Prominenten)

«Vorsicht, witziger Hund!», von Fritz Herdi
Nebelspalter-Verlag, Rorschach, 1989 (Bellende Briefträger, bellender Papagei)

«Little Folks», englisches Kinderbuch, um 1890 («Kasperlhund»)

«Über Land und Meer», 1859, Nr. 3 (Hundewettrennen)

«Histoire anecdotique des Animaux à la guerre», von Ludovic Jablonski
Verlag Henri Charles Lavauzelle, Paris, ca. 1900 (Moffino)

«Adam und die Tiere», ohne Verfassername
Editions du Pont Royal, Paris, 1964 (Hundemumie)

Buchantiquariatskatalog Hartung + Karl, München, Auktion 27 (Hundedressur mit Namenskarten)

«Das Neue Universum», Band 21, 1901
Verlag Union, Stuttgart («Sultan»)

«Ripley's (Giant) Believe It or Not!»
Warner Books, New York, 1976 (See-Rettungshund)

«L'Illustration – Journal Universel», Seite 213, 1863, Paris (Hundekrieg in den USA)

«Histoire des Faits Divers», von «Romi»
Verlag Hachette, Paris, 1962 (Diebstahl durch Hunde)

«Das Tier», Jahrgang 1972 (Diebstahl durch Hunde)

«Volksstimme», Sissach/Baselland. Nr. 14 vom 1. Februar 1985 (Hans-Waldmann-Story)

«Dictionnaire des Superstitions», von Sophie Lasne und André Pascal Gaultier
Tchou, Editeur, Paris, 1980 (Hund-Aberglauben)

«Tages-Anzeiger», Zürich, vom 4. Juni 1969 (Hund Huber)

Informationen und Bildmaterial aus der Sammlung Zirkus und Varieté, von F.K. Mathys, Basel (Dressierter Hund, 1626)

«Musée des Familles», Band 1846/47 ab Seite 377: «Un Chasseur et son Chien – ou la Mort d'un Roi» (Louis XI. und sein Hund)

Bobby und seine gelehrigen Kollegen

«Bobby» begleitete seinen Herrn während zwei Jahren bei Sonne, Regen, Sturm und Schnee als aufmerksamer «Watch-Dog». Oft warnte er den Constable durch sein Bellen vor drohenden Gefahren.

John Gray stand als Constable Nr. 90 im Dienst der Edinburgh Police. Für seine anstrengenden und gefährlichen Runden bei Tag und Nacht bekam er 15 Schillinge in der Woche. Ein Constable durfte im Dienst nie ein Wirtshaus betreten und war verpflichtet, einen Wachhund zu halten. 1856 kaufte John Gray deshalb den Skye-Terrier «Bobby».

Im Herbst 1857 holte sich John Gray bei seinen nächtlichen Runden durch Edinburgh einen Husten, aus dem schliesslich eine ernsthafte Tuberkulose wurde. Noch einmal sass der Constable mit Frau, Sohn und «Bobby» am Kaminfeuer und sang «Auld Lang Syne», als die Glocken das neue Jahr 1858 einläuteten. Doch am 8. Februar 1858 starb John. Als seine Kollegen ihren toten Kameraden durch das Burial Gate des Greyfriars Cemetary trugen, folgte «Bobby» dem Sarg. Von da an wachte er Tag und Nacht an Johns letzter Ruhestätte. Gleich nebenan unter einer tischartigen Grabplatte hatte der Friedhofswärter James Brown dem braven Hunde ein warmes Nest eingerichtet.

14 Jahre lang wachte der Terrier «Bobby» am Grabe seines Herrn. Der Lord Provost von Edinburgh, Sir William Chambers, zahlte höchstpersönlich von 1867 bis 1872 Bobbys Hundemarke, weil er nicht wollte, dass das treue Tier als herrenloser Hund vom «Dog-Catcher» im «Dog-Wagon» zur Vergiftung abgeholt würde. Verschiedene Friedhofswärter kümmerten sich um «Bobby». In Traills Gaststätte bekam er regelmässig sein Futter, und Elizabeth Traill nahm ihn gelegentlich zu Spaziergängen mit, die aber immer wieder an der letzten Ruhestätte seines «Masters», des 1858 verstorbenen John Gray, enden mussten.

Noch heute zeigt man im Huntley House Museum in der Edinburgher Canongate «Bobbys» Halsband und seinen Fressnapf. Sein ursprüngliches Grab allerdings ist nicht mehr zu ermitteln. Man weiss lediglich, dass seine Überreste von Mister Traill und einigen Freunden «ganz geheim» in der Nähe des roten Granitsteins seines Herrn John Gray («Auld Jock» hatten ihn seine Dienstkollegen in der Edinburgher Constabulary gerufen) begraben wurden, da es streng verboten war, Tiere auf einem Menschenfriedhof zu beerdigen. Trotzdem erinnert heute ein Gedenkstein im Greyfriars Cemetary an jenen für alle Tierfreunde zur Legende gewordenen Hund, der noch heute, rund 85 Jahre nach seinem Tode, nicht nur von den Bewohnern seiner Stadt und von ganz Schottland, sondern auch von Reisenden aus aller Welt geliebt und verehrt wird: " 'Bobby' has mourned for his master much more sincerely than many Christians would have

Der Treueste der Treuen

«Seine Treue und Ergebenheit soll uns allen Beispiel sein», heisst es auf dem 1981 von der Herzogin von Gloucester errichteten Gedenkstein an den am 14. Januar 1872 im Alter von 16 Jahren verstorbenen «treuesten Hund aller Zeiten».
(Division II, Greyfriars Cemetary, Candlemaker Row, Edinburgh, beim Eingang gleich rechts.)

Quellen:

«Greyfriars Bobby» von Forbes Macgregor
Gordon Wright Publishing, Edinburgh, 1990

«Ruins and Remains – Edinburgh's Neglected Heritage», von Anne Boyle, Colin Dickson, Alasdair McEwan und Colin Maclean
Verlag Scotland's Cultural Heritage, Edinburgh, 1985

«Picturesque and Romantic Edinburgh»
Verlag William Ritchie & Sons, Edinburgh, ca. 1920

Postkartenverlag Whiteholme of Dundee, ca. 1990

Vor «seinem» Restaurant ziert heute «Bobby» einen kleinen Brunnen an der Candlemaker Row. Von hier aus beobachtet er aufmerksam die vielen Touristen, die zu seinem Grabe an der Seite seines Herrn pilgern.

done for their friends. He died of broken heart ..."

*

«Seit wir vor ein paar Tagen die Geschichte dieses Hundes in unserer Zeitung erzählt haben, wurde ‹Bobby› zum Zielpunkt eines lebhaften Interesses. Hunderte von Menschen besuchten ihn. Gourlay Steell, der berühmte Maler, nahm ‹Bobby› mit in sein Atelier, wo er zuerst ruhig für sein Porträt posierte. Sobald er jedoch die Mittagskanone vom Castle Hill schiessen hörte, sprang er schnell fort, weil dies das Signal dafür war, dass man ihm in Traills Coffee-House sein Mittagessen ‹servierte›.»
(«The Scotman» vom 18. April 1867)

Katzen-Potpourri

Als Katzenritter bezeichnete man unter den «Fahrenden» jene besondere Art von Gauklern, die auf den Jahrmärkten seltsame, wilde oder abgerichtete Tiere vorführten.
Am Katzentisch plaziert man Gäste, die an der Haupttafel keinen Platz mehr finden.
«Katzenduden» ist nicht etwa eine Duden-Sonderausgabe für die Katzensprache, sondern ein Ort in Ostpreussen.
Der Katzensteg diente als Solothurner Bastion der Stadtverteidigung.
Die Katzenberge liegen in der Gegend des ehemaligen Breslau, der Katzenbuckel ist der höchste Berg des Odenwaldes, General Friedrich Georg Andreas Katzeler kämpfte unter Blücher gegen die Franzosen, Katzenpeterlein nennt man den Gartenschierling, Katzhütte heisst ein Dorf im Thüringer Wald an der Mündung der Katze in die Schwarza.
Katzenkraut (Teucrium marum) und Katzenminze (Nepeta), Katzenpfötchen (Antennaria dioica) und Katzensterz (Equisetum) sind Pflanzen, und als «Katzengold» benennt man jenen schimmernden Glimmer – eben eine Art Pseudogold – der, respektive das, zum Symbol für etwas Unechtes geworden ist.

*

Von 1792 bis 1805 zählte Frankreich die Stunden, Tage, Monate und Jahre nach dem Revolutionskalender: Zehn Stunden zu 100 Minuten, eine Woche zu zehn Tagen. Anstelle der Heiligen des Gregorianischen Kalenders führten die Sansculotten Pflanzen- und Tiernamen zur Bezeichnung der einzelnen Tage ein.
«Chat», der Katzentag, fällt auf den 25. Nivôse (Schneemonat), was – je nach Jahrgang – dem 14. oder 15. Januar unserer Zeitrechnung entspricht.

*

Schon seit Jahrhunderten ist die Katze mit abergläubischen Deutungen verbunden:
Wenn sie sich die Pfoten leckt, bedeutet das die Ankündigung eines Besuches. Ein junges Mädchen, das der Katze auf den Schwanz tritt, wird im gleichen Jahr nicht mehr heiraten. Eine gekaufte Katze fängt nie Mäuse. Eine Katze, die demonstrativ einem Kaminfeuer den Rücken zudreht, kündet eine Schiffskatastrophe an.
Jede schwarze Katze soll ein einziges weisses Haar im Pelz tragen. Wer es findet, wird damit Macht und Stärke erringen.

*

Als 1962 in Spanien eine Prozession zu Ehren des heiligen Anastasius die Kirche verliess, folgten dem Schrein mit den Reliquien nicht nur die Gläubigen, sondern auch Hunderte von Katzen. Sie alle schnupperten wie wild an den Gewändern der Chorknaben, die vom Sigristen der Gemeinde ausgiebig mit Baldrian desinfisziert worden waren ...

Auf einem Landgut in der Nähe von Elmswell (England) hatte der Besitzer, Mister Conyers, neben der Küche eine Glocke installiert, mit der die Knechte und Mägde zu den Mahlzeiten gerufen wurden. Immer huschte dann auch der Kater mit ins Haus. Im besonders heissen Sommer 1857 hatte aber das Tier offenbar einen ganz speziellen Durst. Um die Köchin zur Öffnung der Küchentüre zu veranlassen, bediente drum der schlaue «Ben» die Mittagsglocke jeweils schon um elf Uhr. Der Kater praktizierte dieses Prozedere so lange, bis sich Mister Conyers genötigt sah, die Glocke abzuschrauben.

Romiau und Juliapussy in der berühmten Balkonszene – eine französische Kitschpostkarte aus der Charlestonzeit.

Vor dem Londoner Post office bei der Royal Exchange sass um 1880 täglich der Stadtkater «Bob» auf einer Briefkastensäule. Jeden Morgen trug «Bobs» Besitzer, der Verleger Effingham Wilson (hinten links vor seinem Büro), die wohlgenährte Katze auf ihr Postament, wo sie dann stundenlang die Passanten beobachtete. Der «Lord Mayor», wie «Bob» auch genannt wurde, soll sogar, so behaupteten etliche Postkunden, beim Einwerfen ungenügend frankierter Briefe in «seinen» Kasten demonstrativ gefaucht haben …

Mr. Chipchas in Peckham hatte eine Katze, die friedlich schnurrend mit Tauben und Meerschweinchen zusammenlebte. Sobald die auch die kleinen Meerschweinchen säugende Katzenmutter jedoch ausserhalb des Hauses promenierte, griff sie die nicht zu ihrer «Happy Family» gehörenden Tauben rücksichtslos an.

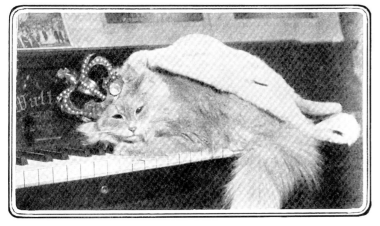

Der lebenslustige König Edward VII. schenkte Anita C. Brooks eine Perserkatze. Warum respektive für was – wir wissen's nicht. Jedenfalls präsentierte Frau Brooks das adlige Geschenk dem Photographen nur mit Krone und Hermelin, lässig hingestreckt auf dem Flügel. Das Bild erschien im Frühjahr 1912 in der englischen Illustrierten «The Sketch» unter der bezeichnenden Rubrik «Frivolities of Phrynette».

Lady Drummond-Hay war nicht nur die einzige Frau an Bord des Luftschiffes «Graf Zeppelin» auf seiner Reise um die Welt im Sommer 1929 – sie schmuggelte auch ein Katzenbaby mit an Bord. Das Maskottchen profitierte mit seiner Herrin und allen anderen Passagieren von der ausgezeichneten Küche der «Riesenzigarre»: Per Schleppnetz wurden während dem Flug über dem Ozean topffrische Fische gefangen …

Ein Kater lief 19 Monate lang quer durch Japan zurück zum Hause seines Herrn. Er hatte seine Familie in einem Körbchen auf einer Zugreise von Hiratsuka am Pazifik nach Itoigawa am Japanischen Meer begleitet. Dort angekommen, bekam der Kater plötzlich Angst und lief davon. Nach langem vergeblichem Suchen trat die Familie die Rückreise ohne ihn an. Fast zwei Jahre später sass das völlig abgemagerte Tier mit zerfransten Ohren und verwundetem Schwanz im heimatlichen Garten. Der Kater hatte 370 Kilometer zurückgelegt ...

*

Nach sechswöchiger Odyssee durch die Lüfte, die ihn bis nach Australien führte, ist Mitte April 1984 ein Kater namens «Hamlet» aus Kanada in London, seinem ursprünglichen Zielort, wieder aufgetaucht. Er wurde im Frachtraum eines Jumbo-Jets der British Airways entdeckt, in dem er im März nach dem Flug von Kanada nach Grossbritannien aus einem Transportkorb spurlos verschwunden war. Sein Besitzer musste schliesslich ohne ihn den Flughafen verlassen, nachdem eine Durchsuchung des Frachtraumes erfolglos verlaufen war
Die Boeing 747 setzte ihre planmässigen Flüge fort und beförderte, ohne dass es jemand ahnte, den Kater unter anderem nach Kuwait, Jamaica, Singapore und Australien. Dabei legte das Tier eine Strecke zurück, die 25mal um den Erdball führt. Erst bei der 26. Landung, in London-Heathrow, wurde der vierbeinige blinde Passagier vom Wartungsdienst entdeckt, stark abgemagert. Es wird angenommen, dass er während seiner Irrflüge zumindest seinen Durst mit Kondenswasser stillen konnte.

*

Die südafrikanische Flughostess Nicole Windt hatte im August 1983 ihren Kater «Rusty» bei ihren Eltern in Ceres bei Kapstadt abgeliefert. 17 Tage später miaute das Tier müde und zerzaust vor der Wohnungstür von Nicole in Johannesburg – der treue Kater war rund 1200 Kilometer weit gelaufen (und, wie man vermutete, auch mit dem Zug gefahren), um wieder in seiner gewohnten Umgebung bei seiner Herrin leben zu können.

*

Die 26jährige Anne Berger aus Moutier hatte «Minouche» zehn Tage lang vermisst. Dann tauchte der Kater plötzlich im Stadtzentrum von Aarau auf. Ein Mädchen brachte dort das abgemagerte Tier auf den Polizeiposten. Dank dem Halsband konnte der Kater identifiziert werden. «Ich weinte vor Freude», sagte die überglückliche Anne, «als mir die Polizei telefonierte, mein ‹Minouche› sei abgegeben worden. Ich wohne direkt neben dem Bahnhof von Moutier. ‹Minouche› hielt sich dort öfters auf und kletterte vermutlich in einen Güterwagen und schlief dann ein. Als blinder Passagier reiste dann der einjährige Kater 77 Kilometer weit nach Aarau.»

*Die Katzenorgel, eine grässliche Erfindung des Jesuitenpaters Athanasius Kircher aus dem 17. Jahrhundert. Die Schwänze der Tiere wurden mit den Anschlagtasten des Klaviers verbunden, worauf die «angespielte» Katze logischerweise ihren Schmerz miauend kundtat. Aus der individuellen Tonlage dieser Reaktionen versuchte dann die «Künstlerin» Melodien zu gestalten. Zur Verstärkung der zweifelhaften Attraktion liess man zuweilen auch einen Bären Klavier «spielen».
(Unsere Zeichnung stammt vom französischen Grafiker Poyet und datiert aus dem Jahre 1883.)*

Im 17. Jahrhundert zeigte ein französischer Katzendresseur eine, wie man sieht, sehr «ausgewogene» Produktion. Schön symmetrisch balancierte er je eine Mieze rechts und links, während sich ein drittes Tier auf seinem Kopfe niedergelassen hat. Auf dem Tisch aber miauzt ein Gesangsterzett nach Noten.

Die Illustrierte Knaben-Zeitschrift «Der gute Kamerad» veröffentlichte 1892 «ein Bild aus dem Zirkus»: «‹Man sollte es kaum glauben!› möchte man beim Anblick unseres Bildes ausrufen – und doch ist der Vorgang, wie die Mama Miez auf einem gespannten Seil über eine Reihe von Mäusen hinwegschreitet, ohne ihren Todfeindinnen gefährlich zu werden, der Natur und einer tatsächlichen Zirkusvorstellung nachgebildet …»

Das Dorf Stützerbach im Thüringer Wald gehörte früher zum grössten Teil zum preussischen Regierungsbezirk Erfurt – ein Quartier des Ortes jedoch war im Besitze des Grossherzogtums Sachsen-Weimar. Zwischen 1775 und 1785 erlebte Johann Wolfgang von Goethe seine «Brausejahre» mit dem Erbprinzen und späteren Herzog Karl August von Sachsen-Weimar-Eisenach auch in diesem Stützerbach und im benachbarten Ilmenau, wo der Dichter als Bergwerksdirektor wirkte. In diese fröhlichen Jahre fällt auch die auf einer Notgeld-Banknote (aus der Inflationszeit von 1921) dargestellte Episode mit der toten Katze im Butterfass.

Nach dem Muster der Gänse- oder Leiternspiele erschien in Deutschland um 1910 auch ein Katzenspiel. Bis «sie» aber zupacken kann, lauern ihr auf zwölf Ereignisfeldern Hindernisse aller Arten …

Das Mäuschen scheint sich auf des Katers Haupt ganz sicher zu fühlen, oder hofft «Schnurrdipurr» darauf, dass ihr der kleine Nager die Flöhe aus dem Fell fängt?

In der Geschichte der «Homing Animals», der heimsuchenden Tiere, beweisen eine ganze Reihe verbürgter Fallstudien, dass auch Katzen über ein geheimnisvolles Sensorium verfügen, das ihnen die Rückkehr zu ihrer vertrauten Wohnstätte und/oder zu ihren Bezugspersonen möglich macht:

● Im Herbst 1977 reiste die 14jährige Kirsten Hicks aus Adelaide in die Ferien. Ihre weisse Perserkatze «Puss» brachte sie vorher zu ihren Grosseltern, die rund 1000 Meilen entfernt in Queensland lebten. Als das Mädchen «Puss» abholen wollte, war die Katze verschwunden. Ein Jahr später stand das Tier mit wunden Pfoten vor Kirstens Haustüre in Adelaide – «Puss» hatte sich durch Busch und Wald, Wüsteneien und Flüsse quer durch Südostaustralien gequält, um endlich wieder bei ihrer Herrin sein zu dürfen. Der «Daily Mirror» aus Sydney (11. Oktober 1978) und der «Sunday Express» (15. Oktober 1978) berichteten ausführlich über diese erstaunliche Wanderung.

● Eine New Yorker Familie hatte ihre Ferien rund hundert Meilen ausserhalb der Metropole auf dem Lande verbracht und ihre schwangere Katze dorthin mitgenommen. Bei der Rückreise nach New York hatte sich das Tier jedoch verkrochen und war nicht mehr zu finden. Zwei Monate später erschien die Katze mit einem Kätzchen in der Schnauze mitten in Manhattan, deponierte das Tierchen und verschwand sofort wieder. 14 Tage später war sie wieder da, mit einem zweiten «Kitten». «This time they put her in their car and drove back to the holiday home to collect the rest of the litter ...»

● «Smoky» ging bei einem Zwischenhalt auf einer Autoreise von Oklahoma nach Tennessee verloren. Zuerst lief das Tier wieder zum alten Domizil zurück, miaute dort ein paar Tage lang vergeblich und nahm dann den 300 Meilenweg nach Tennessee unter die Pfoten – ein Ziel, das sie nach etwa einem Jahr erreichte.

● Bevor die Familie Wood von Gage (Oklahoma) nach Anderson (California) umzog, schenkte sie ihre Katze «Sugar» den Nachbarn. «Sugar» war mit dem Tausch nicht einverstanden. Sie lief 1500 Meilen weit durch dick und dünn, um ihrer Herrschaft zu beweisen, dass sie, die Katze, mehr von Treue verstand als die Menschen. (Der Verhaltensforscher Dr. J.B. Rhine hat diesen «Heimfinde»-Fall genau untersucht und auch Zeugenaussagen notiert.)

● Im Winter 1967 vermisste Jean Pradel vor einem Umzug seine Katze «Minette». Ein paar Wochen später schmiegte sich die Mieze im neuen Domizil in La Ribière freudig schnurrend an ihren Meister. «Minette» hatte rund hundert Kilometer absolviert und sich dabei die Krallen total abgewetzt.

In «La Vie Parisienne» (dem «Playboy» der Jahrhundertwende) finden sich immer wieder anzügliche Frivolitäten rund um Katzen und Kätzchen. Hier spielt der Hauskater Kammerdiener ...

In ihrem total verkatzten Filmführer «The Cinematic Cat» parodiert Marguerite Chadwick auch die klassische Untergrundbahnwind-Szene mit Marilyn Monroe.

Diese rätselhafte pseudolateinische Podestinschrift lässt sich nur bayrisch lösen: Die Katze da, die leckt ihre Füsse.

Das Frühstück.

Minette, die hübsche, aber arme Pariser Stadtkatze, wird von einem reichen Kater ausgehalten. «Er schenkte mir einen Muff!» schrieb der Zeichner Grandville zu diesem Porträt.

«Am Katzensteg im ersten Haus – wohnt die Familie Fangemaus …» So beginnt das à la Louis Wayne illustrierte Bilderbuch «Familie Fangemaus», das schon durch viele Kinderhände gewandert ist und uns deshalb nur noch in einer stark lädierten Fassung vorliegt. Brav und manierlich, wie es sich für (Katzen)Kinder der Jahrhundertwende geziemte, schlürfen die Kleinen ihre Frühstücksmilch.

«Der Kater freute sich über die Stiefel, zog sie an und stolzierte vor seinem Meister auf und ab. Dieser musste lachen und nannte ihn von da an nur noch den gestiefelten Kater …»

William Fairchild hat eine «Katzen-Astrologie» geschrieben. Für Katzen (und Hunde) gibt es ein spezielles Kochbuch, und der Tierfreund kennt auch Filme, die sich mit Katzen-Themata beschäftigen: «Cat People» mit Nastassia Kinski («An erotic Fantasy»), «Die Katze aus dem Weltraum» (Walt Disney) ...
An den Zürcher Stadtratswahlen 1982 legten über 2000 Stimmberechtigte ihr Votum für den Protestkandidaten «Maxli» ein. Unter dem Konterfei eines die Ohren aufmerksam stellenden Katers hiess es in der Wahlpropaganda: «Maxli hat ein offenes Ohr für alle – darum: Gixli, gaxli – die Stimme für Maxli!»
Katzen sind also auch – was zu beweisen war – in der Astrologie, in der Gastronomie, im Kino und in der Politik vertreten.

*

Zwei Ganoven überfielen im englischen Dorf Abbots Morton im Sommer 1982 das Postamt und verlangten von Dorothy Kennedy die Kasse. In diesem Augenblick sprang «Lucky», der schwarze Kater der Postbeamtin, einen der Räuber an und krallte sich an seinem Rücken fest. Der Attackierte schrie vor Schmerz so laut, dass Nachbarn herbeieilten und das Diebesduo dingfest machten.

*

Ein schottischer Reporter betrat um 1925 das Postbüro an der Londoner Fleetstreet und hielt dort im Scherz einer neben dem Schalter sitzenden Katze eine Briefmarke unter die Schnauze. Wahrhaftig – sie beleckte die Rückseite des Königs! Der Schotte klebte die angefeuchtete Frankatur auf einen Brief und warf ihn in den Kasten.
Dann fotografierte er noch die Katze und schrieb eine Reportage über diese neueste Beamtin seiner Majestät: Man denke ernsthaft daran, so flunkerte er in seinem Bericht, inskünftig die englischen Briefmarken mit einer Katzenminzeöl-Gummierung zu versehen, damit noch weitere Postkatzen als kundenfreundliche Markenleckerinnen eingestellt werden könnten. Die Story von der Fleetstreet-Katze machte dann die Runde in der gesamten Weltpresse ...

*

Im Jahre 1963 fand das Ehepaar Deem aus Hillside Acres in Florida eine verwahrloste Katze vor der Türe ihres Hauses. Sie nannten sie «Whitey». Eines Tages sei, so behauptete Mrs. Deems, «Whitey» auf ihr Bett gesprungen und habe laut und deutlich: "Mama, I'm hungry!" gerufen. Als ihr Mann ein paar Tage später die Katze als "bad cat" gescholten habe, habe «Whitey» energisch protestiert: "I'm not a bad cat!" Auch viele Nachbarn versicherten einer Reporterin, sie hätten das Tier sprechen hören ...

Eine Mrs. Webber in Seaford in England war auf ihre sprechende Katze «Wendy» stolz und sorgte dafür, dass sie auch in einer Radiosendung der BBC auftreten durfte.

«Schnurr hatte gar keine Lust zum Unterricht, und am allermeisten hasste er Rechnen ...»

Mr. Stephen E. Randall aus Gouverneur im Staate New York besass eine Katze mit eigenartigen Buchstaben-Markierungen im Fell. Auf der einen Seite «OK», auf der anderen «NO». In seinem «Believe it or not»-Buch erwähnt Mister Ripley nicht, ob Missis Randalls Haustier durch entsprechende Plazierung auch Fragen beantwortete ...

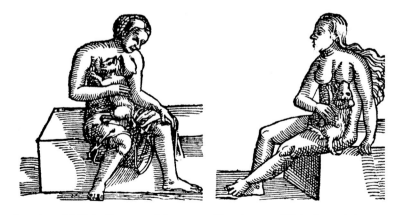

In seiner 1642 in Bonn erschienenen «Monstrorum Historia» zeigt uns Ulissis Aldrovandi zwei Katzenkinder säugende Menschenmütter. Der bekannte Anthropologe und Kuriositätensammler Professor Eugen Holländer setzt allerdings hinter solche Schauergeschichten des 17. Jahrhunderts ein dickes Fragezeichen ...

Tim, Tom, Terry und Toby wünschen Ihnen jetzt schon schöne Weihnachten: «O Tannenbaum, o Katzentraum …»
(Eine Katzenmusik-Oblate aus der Zeit um 1880.)

Fortunius Licetus stellt in seinem 1668 publizierten «Wunderbuch» «De Monstris» diese Katzengestalt mit zwei zusätzlichen menschlichen Hinterbeinen vor.

Thea Sutoris aus Hamburg hatte durch unermüdliches Vorsprechen ihren Kater «Peter Alupka» dazu gebracht, dass er ein ganzes Repertoire sprechen und singen konnte: «Anna», «Helene», «Hurra-hurra», «Das haben die Mädchen so gerne» und «Der Mai ist gekommen». Prächtig kostümiert trat «Peter Alupka» anno 1913 zusammen mit seiner Lehrmeisterin im berühmten Berliner Panoptikum an der Friedrichstrasse auf.
Das «Sprechen» des Tieres beruhte zum grössten Teil darauf, dass Frau Sutoris die Kehle ihres Katers streichelte. Als «Peter Alupka» im Alter von 13 Jahren 1918 starb, trauerten viele Katzenfreunde um ihn.

Das (vermutete) Phänomen (angeblich) sprechender Katzen und Hunde taucht immer wieder auf und bleibt auch nach Dutzenden von (scheinbar) verbürgten Fällen umstritten.

*

Katzendressuren gehören zu den eher seltenen Zirkus-Darbietungen:
1911 reiste Madame Jenny mit 14 Angorakatzen und zwei Rhesusäffchen durch die Vereinigten Staaten.
Das Leipziger Artistenpaar Geroldstein zeigte um 1939 eine Nummer mit acht Tieren – «ohne Köderbelohnung».
Zwischen 1942 und 1950 präsentierte Margit Grossmann auf den Bühnen der deutschen Varietés ein «allerliebstes Hauskatzenidyll».
In der Saison 1954 gastierte der Däne Jean Overgaard mit fünf Hauskatzen im finnischen Zirkus Sariola. Der Artist führte seine Tiere ähnlich wie eine Tigernummer vor.
Die Wellandos kombinierten ihre 15 Katzen mit sechs Tauben, einem klavierspielenden Pudel und zwei clownesken Rhesusäffchen. Ihre Katzen zeichneten sich durch Anhänglichkeit und Gelehrigkeit aus. Sie liefen über Flaschen, zeigten ein grosses Hindernisspringen, und zwei Kater pfoteten gleichzeitig auf einer rollenden Walze.

*

An einem sehr heissen Sommertage schlenderten der Staatsmann Fox und der Prinz von Wales durch eine Strasse Londons, als ersterer dem Prinzen die Wette vorschlug: er würde bis zum Ende der Strasse die meisten Katzen sehen, obgleich dem Prinzen die Wahl der Strassenseite überlassen bliebe. Der Prinz ging darauf ein, verlor aber die Wette, denn am Ziele angelangt, hatte Fox dreizehn und der Prinz nicht eine Katze gesehen. «Aber wie geht das zu?» fragte der Prinz. «Your Royal Highness», sagte Fox, «wählten, wie ich voraussetzte, als die angenehmere die Schattenseite, und so musste mir die Sonnenseite zufallen, welche die Katzen besonders gern aufsuchen.»

*

Mademoiselle du Puis (gestorben 1678) vermachte ihrer Katze eine Pension und verpflichtete ihre Erben, der Katze jede Woche einen Besuch zu machen; das Gericht entschied den darüber entstandenen Streit zum besten der Katzenpension, enthob aber die Erben der Katzenvisite.

Wilhelm Busch demonstrierte mit Katzen Weltgeschichte: Während rechts die entthronten Monarchen davonschleichen, feiern die Revolutionsmietzen ihren Sieg mit einem Tanz um den Freiheitshut auf der Stange. So lange, bis auch dieser wieder zu einem neuen Popanz wird.

Der Kater «Borgia» rettete am 3. Oktober 1944 die Bewohner des Hauses Goldbacherstrasse 13 in Aschaffenburg: «Borgia» schrie so laut, dass seine Herrschaft dies als Warnung vor einem Bombenangriff auffasste und sich sofort in den Luftschutzkeller begab, obwohl kein Fliegeralarm ertönte und auch keine Radiowarnung ergangen war. So blieb die Familie K. am Leben. Nach dem Kriege erhielt «Borgia» vom Tierschutzverein Aschaffenburg eine Silberplakette als Anerkennung für seine katzologische Feinfühligkeit.

*E.T.A. Hoffmanns «Lebensansichten des Katers Murr» (hier das Titelbild) bezaubern durch ihre romantische Poesie, zum Beispiel in der Schilderung der ersten Begegnung Murrs mit seiner Gefährtin «Miesmies»: «Aus einer Dachlucke stieg leis und linde ein Geschöpf heraus – o dass ich es vermöchte, die Holdeste zu malen! – Sie war ganz weiss gekleidet, nur ein kleines, schwarzes Samtkäppchen bedeckte die niedliche Stirn. Und sie trug schwarze Strümpfchen an den zarten Beinen. Aus dem lieblichsten Grasgrün der schönsten Augen funkelte ein süsses Feuer. Es riss mich hin zu ihr mit unwiderstehlicher Gewalt …»
Als Hoffmanns umdichteter Hauskater «Murr» am 30. November 1821 starb, verschickte der Autor Todesanzeigen: «Wer den Verewigten kannte, wird meinen tiefen Schmerz gerecht finden und ihn durch Schweigen ehren.»*

Was die Amme den Kindern erzählt
von Wilhelm Busch

„Es ist einmal eine Maus gewesen, die hat zwei Kinderlein gehabt, und dann ist die große Maus mit ihren Kleinen am Abend spazieren gegangen. Da ist auf einmal die Katze gekommen und hat alle drei Mäuse gefressen.

Dann hat die große Maus zu den kleinen gesagt: „Ihr hättet eben davonspringen sollen!"

Darauf haben die zwei kleinen Mäuslein arg geweint und haben gesagt: „Ach, Mama, jetzt ist es zu spät!"

Das ist «Murri», eine Katze, die «Ja», «Nein» und «Anna» sagen konnte. Wenn man ihr ein Schlafliedchen vorsang, summte sie melodiös mit. Bei einer internationalen Katzenschau in Wien soll sie ihre Künste auch am Radio demonstriert haben.
Mehr war über «Murri» leider nicht zu erfahren. Vielleicht können unsere Leser/innen noch ergänzende Details liefern!

In Mistelbach, zwischen Laa an der Thaya und Wien, hatte der Stationsvorstand einen sehr tüchtigen vierbeinigen Assistenten. Er hiess Isambard (nach dem englischen Eisenbahnpionier Isambard Kingdom Brunel). Der Kater machte seinen Herrn und Chef durch energisches Miauen auf jeden Zug aufmerksam, lange bevor ihn der Stationsvorstand hören konnte.

«In der Batterie Devils Point, einem unserer Festungswerke», meldete das «Plymouth Journal» im Jahre 1828, «lebt eine Katze, die in sehr geschickter Weise Fische fängt. Der Fischfang ist ihr zur Gewohnheit geworden, täglich taucht sie in die See, fängt Fische und trägt sie im Maule in das Matrosenwachzimmer, um sie dort niederzulegen. Sie ist jetzt sieben Jahre alt, war stets ein guter Mauser, und man vermutet, dass ihre Jagden auf Wasserratten sie es wagen lehrten, auch auf Fische zu tauchen, die Katzen bekanntlich sehr lieben. Das Wasser ist ihr jetzt unentbehrlich geworden, wie dem Neufundländerhund, sie macht täglich ihre Wanderungen am felsigen Ufer, jeden Augenblick bereit, ins Meer zu tauchen, eine Beute zu erjagen.»

*

Im Mittelalter wurde in Aix, in der Provence, beim Fronleichnamsfeste der schönste Kater, der in der Umgegend aufzutreiben war, wie ein Säugling gewickelt und in einem kostbaren Schrein zur öffentlichen Andacht ausgestellt. Vor ihm beugte sich jedes Knie, tausend Hände streuten Blumen und Weihrauch, und Hinz, der Kater, wurde als Gott des Tages mit Ehrenbezeugungen überschüttet.

*

Die «Katzenmusik» hat auch ihre klassischen Interpreten gefunden: Domenico Scarlatti komponierte die Katzenfuge, inspiriert von seiner Lieblingskatze, die über die Tasten seines Spinetts lief. Von Gioacchino Rossini stammt das «Duetto buffo dei due gatti».
Wir kennen auch die Katzenwiegenlieder «Berceuses du chat» von Igor Strawinsky, die übrigens in der Schweiz entstanden sind. Nach einer Textvorlage von Colette, einer der prominentesten Katzenliebhaberinnen, komponierte Maurice Ravel ebenfalls ein Katzenduett, später folgte noch das Ballett «La Chatte».
Auch Mozart und Tschaikowsky komponierten «Katzologie». Die berühmteste «Katzenmusik» unserer Zeit jedoch dürfte das weltweit erfolgreiche Musical «Cats» sein. Der Komponist Andrew Lloyd Webber, der übrigens in einem Haus mit vier Klavieren und einer Menagerie von Katzen aufwuchs, benutzte als Textvorlage T.S. Eliots Nonsens-Verse «Old Possum's Book of Practical Cats».
Der Komponist Kurt-Rolf Ronner hat zwischen 1980 und 1983 alle sich auf den Kater «Hiddigeigei» beziehenden Textquellen aus Scheffels Trompeter-Erzählung zu Liedern für Bassstimme und Klavier vertont. Die Figur des sprechenden, edlen, aristokratischen Katers «Hiddigeigei» hat der oberrheinische Dichter Josef Viktor von Scheffel (1826–1866) in seiner legendären Versnovelle «Der Trompeter von Säckingen» gestaltet.
Von der Dachzinne des Stadtschlosses Schönau in Säckingen philosophierte dieser literarische Kater:

«Und die Katzenaugen sehen,
Und die Katzenseele lacht,
Wie das Völklein der Pygmäen
Unten dumme Sachen macht.

Menschentum ist ein Verkehrtes,
Menschentum ist Ach und Krach:
Im Bewusstsein seines Wertes
Sitzt der Kater auf dem Dach!»

*Gottfried Mind (1768–1814) wurde im Armenhause erzogen und galt als schwachsinnig. Beim Trachtenmaler Freudenberger in Bern lernte «Friedli» zeichnen. Seine naturalistischen Katzenbilder erregten die Bewunderung seiner französischen Kollegin Vigée-Lebrun, die Mind als «Katzen-Raffael» lobte.
Eine unglückliche Liebschaft mit dem dann an einen reichen Patrizier verheirateten Aenneli betrübte den Tierfreund ebenso, wie das grosse behördliche Katzenmorden in Bern im Jahre 1809, als infolge eines tollwüttig gewordenen Katers innerhalb von 24 Stunden 800 Katzen getötet wurden. Als der hässliche, missgestaltete Katzen-Raffael 1814 starb, galten seine letzten Worte der von ihm so meisterhaft porträtierten Kreatur: «Die Katze – wo ist das Büsi?»*

Im Römer Palazzo dei Conservatori steht das Fragment einer Riesenstatue von Kaiser Konstantin, dem Gründer des ursprünglich oströmischen Konstantinopel. Auf der dritten Steinzehe des Imperators hat sich ein historisch interessiertes Katerchen häuslich niedergelassen.

In der heiligen Katzenstadt Bubastis verehrten die Ägypter die Katzengöttin Bastet. Wenn eine Hauskatze starb, wurden um sie stundenlange Totenklagen zelebriert und ihr Leichnam mit wohlriechenden Ölen einbalsamiert.

Quellen:

«Britannia und Eve», Monatszeitschrift, Band 2, Nr. 1
Januar 1930, London (Zeppelin-Katze)

«Anecdotes in Natural History», von F.O. Morris
Verlag S.W. Partridge & Co., London, ca.1880

«The Sketch», englische Zeitschrift, vom 27. März 1912
Artikel «Frivolities of Phrynette» («Königskatze»)

«Der Gute Kamerad» – Illustrierte Knaben-Zeitung
Nr. 1, 14. Jahrgang, 1892 (Katzendressur mit Mäusen)

«Cartes postales de Chats», von Annie Lebreton de Montry und Françoise Lepeuve
Verlag Pierre Horay, Paris, 1984 (Romeo und Julia-Postkarte)

«Mystère au Musée du Chat», von Alain Demouzon
Editions Aubier Montaigne, Paris, 1984 (Katzenorgel, Katzenspiel)

«Goethe», von Peter Boerner
rororo-bildmonographien, Rowohlt Taschenbuch Verlag GmbH., Reinbek bei Hamburg, 1964 (Goethes Katzenscherz)

«Geraldine Farrar Memoiren»
Zaberndruck-Verlag, Mainz, 1928 (Katzenfreundin Farrar)

«Vom Flohzirkus zum Delphinarium», von Gerhard Zapff
Henschelverlag Kunst und Gesellschaft, Berlin, 1977 (Katzendressuren)

«Fliegende Blätter» (Einzelblatt ohne Datum, Rätselkatze)

Plakat der Internationalen Hunde- und Katzenausstellung Wien, 1985 (Katze auf Hund)

«The Illustrated Cat», von Jean-Claude Suares und Seymour Chwast
Djai Nippon Printing Co., Tokyo, 1976 (Katze als Kammerdiener)

«Lachende Kamera», 3. Band, von Hanns Reich
McGraw-Hill Book Company GmbH., Düsseldorf, 1969 (Katze mit Maus)

«The Cinematic Cat» – A Cat's Guide to the Great Movies,
von Marguerite Chadwick und Bob Bruno
A & W Visual Library, New York, 1982 (Marilyn Monroe-Katze)

«Familie Fangemaus», von E. Dobbert (Deutschland) (Verlagsangaben nicht mehr lesbar), um 1890 (Katzenfrühstück)

«Grandville – das gesamte Werk»
Verlag Rogner & Bernhard GmbH., München, ohne Jahreszahl (Minette-Zeichnung)

«Der kleine Kater Schnurr» – Ein Pixi-Buch (Nr. 11)
Carlsen Verlag, Reinbek bei Hamburg, um 1970

«Katzenmuseum», von Rosemarie Müller
AT Verlag, Aarau, 1987 (Tim, Tom, Terry und Toby, Katzenmusik)

«Mau Miau», von Mischa Damjan und Rudolf Schilling
Nord-Süd Verlag, Mönchaltorf, 1969 (Paul Léautaud, Kater Murr)

«Colette», von Germaine Beaumont und André Parinaud
rowohlts monographien, 1958

«Collier's Encyclopedia», Band 22
Crowell-Collier Educational Corporation, 1968 (Mark Twain)

«Reclams Universum» 1908/1. Halbbänd/Seite 576: «Berühmte Katzen» (Chateaubriand/Mark Twain)

«Ripley's Believe It or Not» (Giant Edition)
Warner Books, New York, 1976 (OK/NO-Katze)

«Der gestiefelte Kater», nacherzählt von Vera Southgate
Ladybird Books Ltd., Loughborough/England, 1967

«Die wunderbare Freundschaft von Tier und Mensch», von Ehm Welk
Verlag Philipp Reclam jun., Leipzig, 1940 (Kater Murr und literarische Katzen)

«Wunder, Wundergeburt und Wundergestalt», von Eugen Holländer
Verlag Ferdinand Enke, Stuttgart, 1921 («Katzenmütter»/Katzenmensch)

«Das Katzenbuch», von Rösli und Edgar Schumacher
Verlag Fretz & Wasmuth AG., Zürich, 1939 (Busch-Zeichnung, Mind-Bild, «Was die Amme den Kindern erzählt»)

«Katzengeschichten», von Hermann Römpp (ca. 1970) («Borgia»/»Kater Murr»)

«Encyclopédie des Farces, Attrapes et Mystifications»,
von François Caradec und Noël Arnaud
Verlag Jean-Jacques Pauvert, Paris, 1964 (Baldrian-Story)

«Der Katzenraffael», von Martha Ringier
Schweizerisches Jugendschriftwerk, Zürich, Nr. 325 (Mind)

«Victor Hugo» – Arts et Métiers Graphiques
Nr. 47 vom 1. Juni 1935

«Chateaubriand», von Friedrich Sieburg
Deutsche Verlagsanstalt, Stuttgart, 1959

«Der Katzenraphael», von Franz Freiherr von Gaudy
Verlag Georg Callwey, München, 1910 (Serie «Der Schatzgräber» Nr. 47) (Mind)

«Living Wonders», von John Michell und Robert J.M. Rickard
Verlag Thames & Hudson, London, 1982 («Murri» und andere «sprechende» Katzen, Heimfinde-Vermögen)

«Eisenbahnkater Isambard», von John Neves
Georg Bitter Verlag, Recklinghausen, 1986

«Concordance des Calendriers Grégorien et Républicain», von Albert Soboul
Verlag Librairie Historique Clavreuil, Paris, 1983 (Katzen-Tag)

«Dictionnaire des Superstitions», von Sophie Lasne und André Pascal Gaultier
Vorlag Tchou, Paris, 1980 (Katzen-Aberglaube)

«Landauf – Landab …», von Vera De Bluë
Edition Erpf, Bern, 1985 («Katzenritter»)

«Baslerstab» vom 9. März 1990 (Japan-Kater)

«Neue Zürcher Zeitung» vom 19. April 1984 (Flug-Katze)

«Blick» vom 18. September 1983 (Rusty)

«Blick» vom 7. Mai 1984 (Minouche)

«OFA Wochenschau» 1925/Seite 174 (Postkatze Fleetstreet)

«Brückenbauer» Nr. 34 vom 27. August 1982/Seite 19 (Kater gegen Räuber)

«Hamburger Morgenpost» Nr. 59 vom 11. März 1982/Seite 2 (Stadtratswahlen Zürich)

«Katzen», von Pol Sackarndt
Verlag Georg Müller, München, 1930 (Katzen-Anekdoten)

Katzen-Potpourri

Mark Twain (1835–1910) hiess eigentlich Samuel Langhorne Clemens. Der Verfasser von «Prinz und Bettelknabe» und der Abenteuergeschichten von Huckleberry Finn und Tom Sawyer hatte zwei Katzen, die er «Satan» und «Sünde» nannte. «Satan» war pechschwarz, und «Sünde» schillerte in einem schildpattfarbenen Fell …

Der französische Schriftsteller Victor Hugo (1802–1885) plazierte an seinen Besuchstagen jeweils seine Katze «Chanoine» unter einem Baldachin.
Dort empfing das grosse, schwarze Tier mit dem weissen Pelzkragen die Gäste des Verfassers von «Les Misérables» keineswegs armselig, sondern geradezu königlich.

«Meine Katzen kleidete ich in phantastische Gewänder und bildete mir ein, sie seien Schauspieler und Schauspielerinnen …» Die charmante Primadonna Geraldine Farrar (1882–1967) sang an allen grossen Opernhäusern der Welt und war oft Partnerin von Enrico Caruso. Stets wurde die Katzenfreundin von einer eigenen Fan-Truppe, den «Gerryflapers», begleitet. Kaiser Wilhelm II. und sein Sohn, der Kronprinz, gehörten zu den Bewunderern der «göttlichen» Farrar.

Paul Léautaud (1872–1956) der «literarische Anti-Literat», der alle seine lebenden Kollegen als «Nullen, lauter Nullen» beschimpfte, wohnte als «Katzenvater von Paris» mit 38 Katzen, 22 Hunden, einer Ziege und einer Gans in einem verlotterten Häuschen am Stadtrand. Das Wäldchen um diese Wohnstätte war bei Léautauds Tod ein Friedhof für 300 Katzen und 150 Hunde!

Sie alle liebten Katzen

François René Vicomte de Chateaubriand (1768–1848), als Gegner Napoleons I. «royalistischer als der König», schuf mit seinem Hauptwerk «Génie du christianisme» eine poetisch-ästhetische Verklärung des Christentums. Chateaubriands Lieblingkatze hiess «Micetto» – ein Geschenk des Papstes Leo XII. «Ich liebe besonders ihren selbständigen Charakter, der fast an Undankbarkeit grenzt: Sie lebt für sich, bedarf keiner Gesellschaft und gehorcht nur, wenn es ihr gefällt.»

Sidonie-Gabrielle Colette, Grand Officier der Ehrenlegion und Mitglied der Académie Goncourt (1873–1954), war zuerst Tänzerin im Pariser «Moulin Rouge» und wurde ab 1904 eine der berühmtesten und beliebtesten Romanschriftstellerinnen Frankreichs. Ihre Lieblingskatze hiess (lautmalerisch perfekt) «Prrov». In «La Chatte» schildert Colette eine Art Dreiecksverhältnis zwischen Alain, Camille und der Katze Saha. In ihren Theaterjahren hatte die Katzennärrin sich einmal als «La chatte amoureuse» personifiziert.

Die singende Maus beim Frisör

Die Römer waren überzeugt, dass die Spitzmaus (eigentlich ein harmloser Würmer- und Insektenfresser) ein giftiges Tier sei.
Im Mittelalter empfahl man als probates Mittel gegen das angebliche Spitzmausgift das Auflegen von Blättern einer «Spitzmausesche». Zur speziellen Spitzmausesche wurde eine normale Esche dadurch, dass man ein Loch in ihren Stamm bohrte und darin unter Beachtung bestimmter Zauberformeln eine Spitzmaus lebendig einmauerte.
«Es gab eine Zeit, da hatte beinahe jedes Dorf seine eigene Spitzmausesche.»

Konrad Gesner empfahl eine Mischung von Spitzmaus-Asche und Gänsefett als Rezept gegen Hämorrhoiden.
Schon Hippokrates wusste einen spitzmäusigen Trick gegen Hundebisse. Das Pulver eines gerösteten Spitzmausschwänzchens auf die Wunde gestreut, zeige eine phantastische Heilwirkung; behauptete der legendäre griechische Arzt.

Eine Hausfrau aus Lörrach war – im September 1980 – sehr erschrocken, als sie bei der Zubereitung des Mittagsmahles eine unappetitliche Feststellung treffen musste. In einem Lebensmittelgeschäft hatte sie eine Büchse mit einem Eintopfgericht gekauft. Beim Öffnen entdeckte sie unversehens Stücke einer Maus. Wie dieses «Mausragout» in die Konservendose gelangte, war dann Gegenstand der Untersuchung des Wirtschaftskontrolldienstes der Lörracher Polizei.

*

Bei weitem nicht alles, was der Volksmund «Maus» nennt, wird auch in der zoologischen Systematik zu den Mäusen gezählt. Die Spitzmäuse zum Beispiel gehören zur Ordnung der Insektenfresser (Insectivora). Sie sind daher dem Igel und Maulwurf verwandt, nicht aber den eigentlichen Mäusen, die zur Ordnung der Nagetiere (Rodentia) gehören und sich fast ausschliesslich von Pflanzen ernähren.
Bei den Mäusen, die keine Mäuse sind, unterscheidet man Rotzahnspitzmäuse (Wald-, Schabracken-, Zwerg-, Alpen-, Wasser- und Sumpf-Spitzmäuse) sowie drei Arten von Weisszahnspitzmäusen (Haus-, Feld- und Gartenspitzmäuse).

*

Beim Volk der Gouro an der Elfenbeinküste wird heute noch das Mäuseorakel praktiziert. Die berühmtesten Mäuseorakler sind Tra bi Ta in Bogopinfla, Boti bi Tra in Brodufla und Guru bi Tra in Paofla.
Für ein Wahrsagehonorar von etwa zwei Dollar gestattet der Mäuseorakler einen Blick in die Zukunft. «Mäuse können alle Geräusche der Erde hören und verstehen», erklärte Boti bi Tra einem Forscher, «sie leben ja in der Erde – und die Erde wiederum wird von uns allen belebt.»

Panik im Ballsaal der Mäuse! Ein Kater erscheint auf dem Balkon und fischt sich den Dirigenten Professor Maus höchstpersönlich aus dem Orchester. Alles rettet, rennet, flüchtet...
Die Zeichnung aus den «Fliegenden Blättern» ist zwar schon bald 100 Jahre alt, hat aber noch nichts von ihrem poetischen Reiz verloren.

In einer Schildkrötenschale liegen zehn lange, einseitig befestigte Hühnerknöchelchen. Man stellt der in einem Kistchen hausenden Maus die Frage, legt den Schildkrötenpanzer mit den Knöchelchen dran in einen grossen Kessel, lässt die Schicksalsmaus über die Hühnerknochen laufen und deutet nun aufgrund der besonderen Lage der Knöchelchen die Antwort. Jeder Orakler verfügt über zwei solcher Schildkrötenschalen – über eine Morgenschale und eine Abendschale, je nachdem, ob der Fragesteller vor oder nach dem Mittagessen zu ihm kommt.

*

Am Zürcher Knabenschiessen 1980 war in der Budenstadt, die sich während dreier Tage am Fusse des Üetliberges ausbreitete, ausnahmsweise auch eine mäusische Attraktion zu bestaunen:
Die «one and only Mouse Town» respektive die «grösste Mäuseschau Europas».
«Eine Erholung ist es zwar nicht, aber man muss nur zwei Franken bezahlen, um zu erfahren, wie es riecht, wenn 500 weisse Mäuse beisammen sind. Auch dabei ist übrigens ein einziges graubraunes Mäuschen, das sich in dieser Umgebung etwas schmutzig vorkommen dürfte...»

Henry d'Hartmont unterzeichnete 1897 einen Vertrag mit dem Verlagshaus Russell & Co., dass er ohne Finanzen und lediglich mit drei dressierten Sumatra-Mäusen als Geld- und Glücksbringer in zwei Jahren um die Welt reisen würde. Für jede der Zirkusmäuse, die er lebendig wieder heim nach Chicago bringe, erhalte er je weitere 1000 Dollars – zusätzlich zur Wettbewerbssumme von 20 000 Dollars, die auch das Recht zur Veröffentlichung seines Reisetagebuchs sichere. Um jeden Zweifel auszuschliessen, wurden die drei Mäuse mit Brandzeichen in den Ohren versehen und ausserdem fotografiert.

Der Journalist Martin Kazmaier verfolgte die Spuren des Mäusedresseurs aufgrund seines vier Kilo schweren Souveniralbums. Via New York, Berlin, Moskau, Teheran, Kalkutta, Bangkok, Hongkong und Wladiwostok zog der sensible Henry los – unterwegs kränkte er sich über den Verlust einer seiner Schützlinge so sehr, dass er sehr wahrscheinlich seine mausologische Odyssee aufgab. Jedenfalls erschienen keine Memoiren des Weltenbummlers, und ob er je wieder nach Chicago gekommen ist, um seinen Gewinn zu kassieren, bleibt fraglich.

In Bar Harbour im amerikanischen Bundesstaat Maine liegt die grösste Mäusezuchtanstalt der Welt. 560 Angestellte von «The Jackson Laboratory» senden jährlich per Flugfracht rund 800 000 Mäuse aus 1700 verschiedenen Stämmen in 33 Länder. Universitäten, Pharmafirmen und genetische Forschungslaboratorien sind die Kunden. Auf der Preisliste rangiert die schwarzfellige Standardkreuzung B6AF mit einem Stückpreis von 5.70 Dollar bei den Bestsellern – eine acht Wochen alte Maus vom Stamm C57BL hingegen kostet schon stolze 76.90 Dollar.

Unvergesslich bleibt dem TJL-Personal «Freddie», der Mäuse-Methusalem. Er lebte sagenhafte 1742 Rekordtage lang und erreichte damit, nach menschlichem Massstab, ein Alter von 156 Jahren. Als «Freddie» im Sterben lag, sollte es ihm noch einmal richtig gutgehen: Sechs junge Weibchen wurden ihm ins Sägemehl gelegt. Sie kuschelten sich mit ihren warmen Leibern an den Patriarchen und sorgten dafür, dass er wohlig und glücklich entschlummerte.

*

Mäusezüchter haben es auch nicht leicht. Eine Aufzeichnung von Mäusekrankheiten und -anomalien umfasst von Albinismus bis Zwergwuchs 24 weitere Gesundheitsbeeinträchtigungen: Hypotrichose, Atrichie, Ichthyose, Ataxie, Epilepsie, Hydrocephalus, Muskeldystrophie, Spina bifida, Anophthalmie, Mikrophthalmie, Katarakt, Kolobom, Retnitis plgmentosa, Taubheit, Brachydaktylie, Oligodaktylie, Polydaktylie, Syndaktylie, Hasenscharte, Tibia-Aplasie, Hämolytischer Ikterus, Hydrops fetalis, Nierenanomalien, Fettsucht und Zuckerkrankheit.

Ein richtiges Mäusewunder soll sich am 1. September 1675 ereignet haben: Ein ganzes Mäuseregiment (mit einer Ratte als Oberst) soll sich bei Brochdorp bei Hannover auf einen Reiter gestürzt und diesen in die Flucht geschlagen haben ...

Selbstverständlich fehlt auch bei diesem Flugblatt das Fazit einer christlichen moralischen Ermahnung nicht:

Seit 1977 investiert die USA viel Geld in das Projekt «Erdbeben-Mäuse». Nach positiven Erfahrungen in China (1975 konnte dank dem Spürsinn von Mäusen die Bevölkerung vor einem Erdbeben in der Gegend von Lianong frühzeitig evakuiert werden) und nach weiteren Experimenten mit Küchenschaben und Schimpansen, die gleichfalls eine erstaunliche Sensibilität vor Erdschütterungen zeigten, laufen nun schon seit Jahrzehnten neue Versuche mit Mäusen als erfolgsversprechende Kandidaten für ein «tierisches» Frühwarnsystem.

«Gott hat alles wohlgemacht
Alles dienet ihm zum Guten
Doch zuweilen braucht er auch
scharfe Strafes-Ruthen
Lasst ihr Menschen euch die Mäus'
Hier zur Lehr und Warnung dienen
Fürchtet Gott, er möcht'
– wer weiss?
Lassen sich durch Buss' versühnen.»

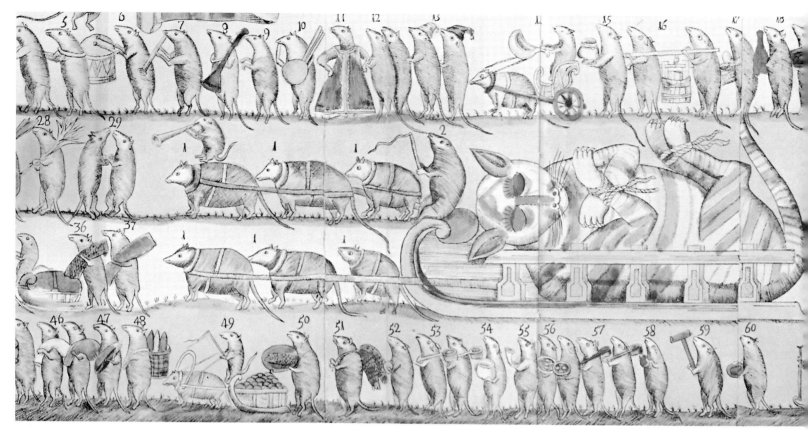

Zar Peter der Grosse von Russland starb am 28. Januar 1725. In dieser Karikatur seiner Beerdigung liegt er als Katze auf einem «finnischen» Schlitten, womit Peters Vorliebe für alles Ausländische angedeutet wurde. Das russische Volk (die Mäuse) scheint über den Tod des Despoten keineswegs traurig zu sein. Musikanten führen den Leichenzug an, Lebensmittel und Getränke werden mitgeschleppt (eine Anspielung auf die Fresslust des Zaren), und unten links kutschiert noch eine kleine Maus (49), als Persiflage auf Peters zweite Gattin Katharina, ein Fuder deutscher Bohnen. In den russischen Bilderbogen, den Luboks, tauchen immer wieder solche – verklausuliert politische – Katzen-Beerdigungen durch Mäuse auf.

Im Auftrag der Gemeinde Stilfs erschien im Jahre 1519 Wilhelm von Hasslingen vor dem Bezirksrichter im südtirolischen Vintschgau und klagte gegen die Mäuse, die den Feldern der Bauern schadeten. Der Richter bestimmte für die angeklagten Tiere einen Anwalt. Am Gerichtstag traten drei Augenzeugen für die Verheerungen der Mäuse auf. Die Kläger forderten den Wegzug der Nager. Der Anwalt der Mäuse war damit einverstanden, plädierte jedoch für freies Geleit gegen Hunde und Katzen; auch sollten trächtige Mäuse eine längere Frist erhalten.
«So lautete denn auch das Urteil. Die Mäuse hatten binnen vierzehn Tagen die Äcker und Wiesen von Stilfs zu meiden und sollten auf ewige Zeiten nicht mehr dahin zurückkehren; trächtige oder noch zu schwache oder junge Tiere hingegen sollten freies Geleit bekommen.»
Diese Verfügung eines Geleitschutzes für schwangere Mäuse ist eine der vielen Kuriositäten, die sich aus den Tierprozessen entwickelten.

Anno 1680 berichtete Eramus Francisci in seinem Buche «Der wunderreiche Ueberzug unserer Niederwelt» von einem regelrechten Mäuseregen. Er behauptete auch, dass Lemminge und Ratten vom Himmel gefallen seien.

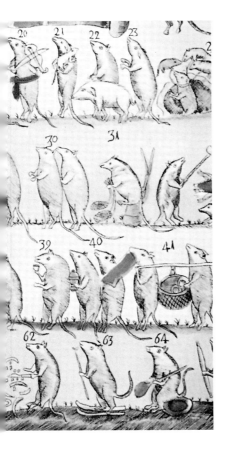

Der schlesische Chronist Aelurius hat mit eigenen Augen («explorandi causa») die grosse Mäuseplage erlebt, welche die Stadt Glatz im Jahre 1623 erlebte.
In seiner «Glaciographia» beschreibt er, «wie schrecklich es ist gewesen, wenn man über Feld gegangen ist und die Meuse hauffenweise hinter und vor einem hergelaufen seyen». Beim Pflügen habe man in den Äckern ein Mäusenest nach dem andern aufgedeckt. «Mit Verwunderung habe ich ansehen müssen, dass etliche Nester voll Getreide gewesen seyn. Man hat darinnen auch viel Wurtzeln von wilder oder Fischmüntze angetroffen, sodass man etliche Hüte davon hette vollfüllen mögen.»
Konrad Gesner weiss jedoch tröstend zu berichten, dass solche Mäuseinvasionen «ebenso gehling wieder vergehen und sterben, dass niemand weiss, wie und warumb...»

*

Mäuse sollen – so meint der Aberglaube – die Seele von Ermordeten beherbergen.
Wenn eine Schwangere wünscht, dass ihr Kind schwarzbraune Augen bekommen soll, muss sie eine Maus vor der Geburt essen.
Das Piepsen einer Maus neben einem Krankenbett kündigt den baldigen Tod des Patienten an.
In Deutschland wird die Begegnung mit einer weissen Maus als Glückszeichen interpretiert.

In einem renommierten Londoner Coiffeur-Salon trat 1847 eine «Singing Mouse» als «grösstes Wunder der Zeit» auf. Im «Family Herald» wurde dieses musikalische Mäuschen als bessere Rivalin einer gleichzeitig an der Regent Street gezeigten Konkurrentin angekündigt. Die singende Maus des Frisörs soll, so wird versichert, laut und deutlich wie ein Vogel im Frühling und manchmal sogar wie eine Nachtigall jubiliert haben.

Quellen:

«Lubok», Russische Volksbilderbogen vom 17. bis 19. Jahrhundert, von Alla Stepanowna Sytowa
Aurora-Kunstverlag, Leningrad, 1984 (Mäuse beerdigen Katze)

«Living Wonders», von John Mitchell und Robert J.M. Rickard
Verlag Thames and Hudson, London, 1982 (Mäuseregen)

«Unnatürliche Geschichten», von Colin Clair
Atlantis Verlag, Zürich, 1970 (Spitzmäuse)

«Fliegende Blätter», 1899/Band 2/ Seite 261 (Mäuseball)

«Dictionnaire des Superstitions», von Sophie Lasne und André Pascal Gaultier
Verlag Tchou, Paris; 1980 (Mäuse-Aberglaube)

«Die Feldmaus», von Georg H.W. Stein
A. Ziemsen Verlag, Wittenberg Lutherstadt, 1958

«Die Weltwoche» Nr. 24 vom 15. Juni 1977 (Erdbeben-Mäuse)

«Berner Zeitung» von 2. November 1985 (Spitzmäuse)

«Basler Zeitung» Nr. 222 vom 22. September 1980 (Eintopf-Maus)

«Tierprozesse» in «Illustrirte Welt», Jahrgang 1900/ab Seite 124

«Weisse Mäuse, Ratten und Meerschweinchen», von Günter Schmidt
Albrecht Philler Verlag, Minden, 1959 (Mäuse-Krankheiten)

«Zwingburg für Nager» in «Der Spiegel» Nr. 5/1995 (Grösste Mäusezucht)

«In den Knöchelchen steht's geschrieben», von Lorenz Homberger in «Swissair-Gazette», ca. 1985 (Mäuse-Orakel in Afrika)

«Neue Zürcher Zeitung» Nr. 214 vom 15. September 1980 («Mouse Town»)

«Horizon», September 1959: «Peter and the West», von Constantin de Grunwald (Katzen-Beerdigung durch Mäuse)

«Mann mit Maus – ohne Geld um die Welt», von Martin Kazmaier (Beilage der «Frankfurter Zeitung» – Ausschnitte ohne Datum)

«Learning Pigs & Fireproof Woman», von Ricky Jay
Verlag Robert Hale, London, 1986 (Singende Maus)

«Wunder, Wundergeburt und Wundergestalt», von Eugen Holländer
Verlag Ferdinand Enke, Stuttgart, 1921 (Mäuseschlacht)

Schattentiere ...

Der Maler Moritz von Schwindt (1804–1871) protestierte mit diesem originellen Notenblatt gegen die Musik von Richard Wagner. Mit der Partitur aus 108 Tiernoten wollte der Künstler das wagnersche Katzengejaule charakterisieren.

Vater Schwein freut sich über das muntere Treiben seiner Schweinetöchter und schmaucht wohlgenährt und zufrieden die Pfeife.

Adalbert von Chamissos «Peter Schlemihl» präsentiert einen Mann ohne Schatten, einen Zombie, einen lebendigen Toten. Jacques Offenbach zeigt uns in «Hoffmanns Erzählungen» (im dritten, im «Olympia»-Akt der Oper) eine Variante dieser geheimnisvollen Figur.
Der eigene Schatten wird im Volksglauben als Seele, als ein Alter ego, ein anderes Ich, gesehen. Im alten China war darum das Schattentheater eine eng mit dem Totenkult verbundene Dramatisierung von Leben und Sterben. Scherenschnitte gab es in China seit dem 6. Jahrhundert. Noch heute zeigen rote Scherenschnitte an den Fenstern am chinesischen Neujahr, was sich die Bewohner wünschen. Kraniche zum Beispiel stehen für ein langes Leben, ein Entenpärchen für eheliches Glück und Fische für eine reiche Ernte.

Erst im 17. Jahrhundert wird das Schattenspiel unter dem Begriff der «Ombres chinoises», der chinesischen Schatten, zuerst in Italien und später auch in Mitteleuropa bekannt. 1683 bittet eine Komödiantengesellschaft in Danzig um Erlaubnis, «italienische Schatten» aufführen zu dürfen. Goethe (1781), Mörike, Grillparzer und Uhland schrieben Texte für Schattenspielaufführungen. Goethe, ein eifriger Sammler von Schattenrissen, hatte 1775 aus einem ganzen Konvolut von «Schwarzprofilen» das Konterfei der Frau von Stein herausgesucht und sie, noch ohne sie zu kennen, allein anhand dieses Porträts charakterisiert: «Es wäre ein herrliches Schauspiel zu sehen, wie die Welt

Der Esel und die Fee – ein altes Sujet ... Immerhin könnte er sich zum Trost noch an den stachligen Disteln gütlich tun ...

Herr Hund, der Chefkellner, serviert dem durstigen Krokodil einen besonders köstlichen Tropfen.

*«Heut' woll'n wir in den Zirkus gehen
da kann man Frösche hüpfen sehen
den Clown bequakt hier laut die Gans
– des Reimes wegen heisst er Hans.»*

sich in dieser Seele spiegelt. Sie sieht die Welt, wie sie ist, und doch durch das Medium der Liebe.»

Vom Schattenspiel zum Scherenschnitt, einer anderen «Schwarzkunst»: 1759 wurde Etienne de Silhouette Finanzminister des französischen Königs Louis XV. Zur Sanierung der maroden Staatskassen wollte Silhouette Luxussteuern einführen. Das passte dem Adel nicht, er versteckte jedoch seine Opposition gegen die neuen Gesetze hinter dem Vorwand, diese Steuern seien zu wenig durchdacht, flüchtig und unvollständig – eben so à la Silhouette. So verband sich der Name des Finanzministers mit der damals gerade in Mode gekommenen Freizeitbeschäftigung des Profil-/Silhouettenschneidens. Man munkelte auch, Silhouette habe dem König vorgeschlagen, auch in Versailles anstelle von teuren Gemälde-Porträts nur noch die viel billigeren schwarzen Profile hoher Würdenträger erstellen zu lassen.

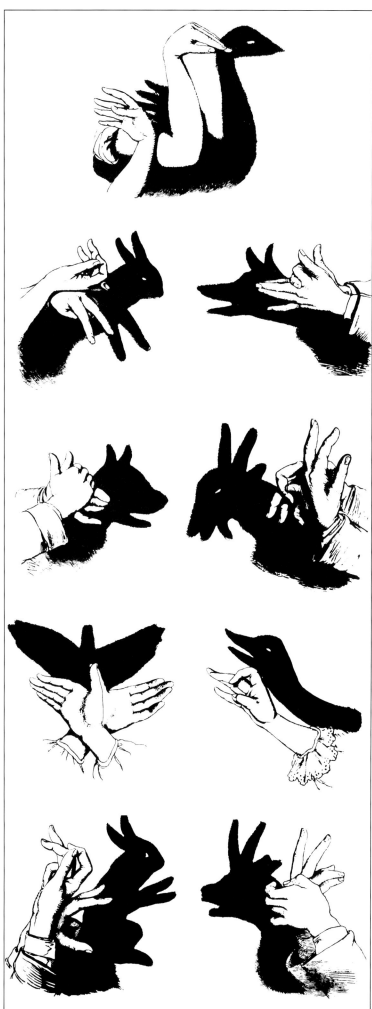

Ein tierisches Trippelquartett spielt uns zum Tanze auf, damit wir sehen und hören, dass Lebensfreude sich auch scherenschnittlich schwarzweiss vermitteln lässt.

Tiersilhouetten spielen auch in Helene Gabillons «Schwarzen Märchen» die Hauptrolle. Die Künstlerin hat ihre zauberhaften Illustrationen 1880 in einem Wiener Verlag herausgegeben.

Der possierliche Affe versucht, schattenbildlich dem Löwen ein X für ein U vorzumachen.

1775 sprach man bereits von einer «herrschenden Wut an Schattenrissen». Die Scherenschneidekunst wurde so populär, weil Johann Kaspar Lavater in seinen «Physiognomischen Fragmenten» eine Fülle von Porträtsilhouetten zusammengetragen hatte und weil nun auch psychophysiognomische Amateure und Amateusen sich an der Charakterdeutung aufgrund von Profilschnitten versuchten. 1780 gab es ausser diesen «Liebhabern» bereits acht deutsche Berufssilhouetteure, wobei die Zeichner ihre Modelle vor den Silhouettierrahmen setzten und dann ihr Schattenprofil auf einem ölgetränkten Papier skizzierten.

Aus dem Schattentheater mit fertig gestalteten Figuren und Scherenschnitten entwickelte sich eine dritte «Schwarzkunst»: Die fingerfertigen Spielchen, die nur durch das Geschick der Hände bewegliche Umrisse von Mensch und Tier an die Wand werfen. Schon vor hundert Jahren wurden diese «Handschatten» als «das alte, ewige-neue Spiel» bezeichnet.

In seiner «Anregung für liebe Kinder» erklärt Franz Hillmann:

«Wir wollen uns nicht vor dem schwarzen Manne oder dem gespengstigen Tierschatten fürchten – im Gegenteil: Wir locken sie auf die aufgespannte weisse Leinwand oder den straffen Papierbogen vor uns, haben hinter uns das Licht stehen und zaubern nun mit einer Hand oder mit beiden Händen unsere Schatten herbei, unsere Haustiere, den Esel, den Ziegenbock, den Hund und die Gans. Doch damit nicht genug. Wir dringen in den Zoo ein und holen uns den Wolf und den blutdürstigen Tiger. Vom Geflügel haben wir neben der Gans noch den fliegenden Adler, den stolzen Schwan und den bedächtigen Papagei. Und nicht als tote, unbewegliche Figuren zaubern wir unsere Schatten her. Bald werden unsere Finger Arbeit haben, stolz reckt der Schwan seinen Hals, lautlos bellt der Hund, der Esel schreit fein ‹Iah›, und der Adler schlägt mit den Flügeln, während das Häschen mit den Ohren wackelt und die Gans nach Futter schnappt. – Man versuche es. Nach einiger Übung wird es gehen!»

*

Wie alt sind Schattenspiele? «Im letzten Jahrhundert vor Christi Geburt starb die Lieblingsfrau des chinesischen Kaisers Wu. Er war untröstlich über ihren Verlust. Ein Mann namens Shoa Wong versuchte den Herrscher zu trösten und versprach, die Schöne wieder auferstehen zu lassen – wenigstens optisch. Eines Nachts spannte Shoa einen Leinenvorhang, zündete

CAMEL.

DEER.

GOAT.

DOG TOBY.

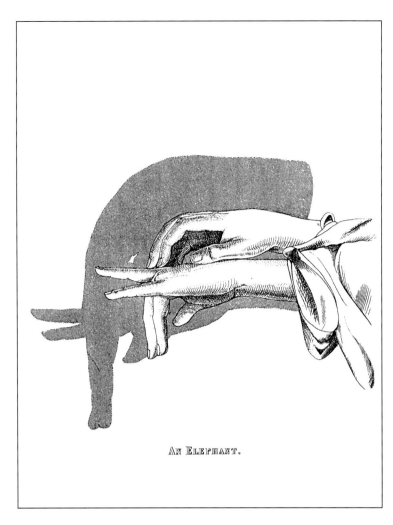

An Elephant.

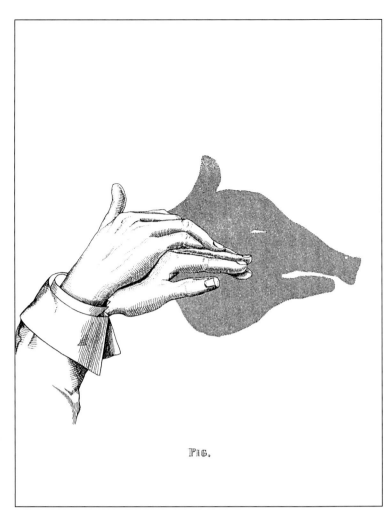

Pig.

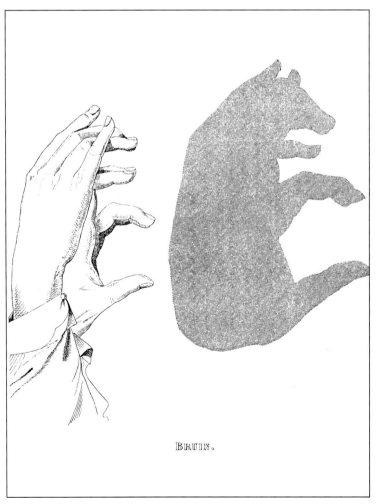

Bruin.

Old Growler.

Nur sollten Sie die so erzielten Schattengelder eher auf einer diskreten Schattenbank deponieren und nicht zu demonstrativ ins Licht der Öffentlichkeit stellen ...

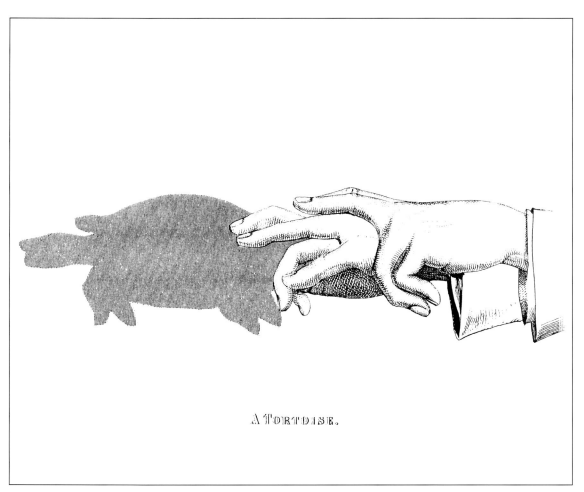

A Tortoise.

Neben der guten alten Laterna Magica mit ihren zauberhaften «Frühdias» boten die Handschattenspiele Anno Nostalgia bereits eine weitere Dimension häuslich-romantischer Unterhaltung: Aus statischen Bildern machten sie durch Bewegung animierte Schattentiere – eine Kunst, die in Varietés und Jahrmarktsbuden durch spezielle Schatten-Virtuosen perfektioniert wurde.

dahinter eine Lampe an und zeigte dem davorsitzenden Monarchen den Schatten einer weiblichen Gestalt, die seiner verstorbenen Frau glich.»
Allerdings lassen sich dokumentierte Hinweise für Schattenspiele in China erst für die Zeit ab 979 n.Chr. finden ...

*

Lassen Sie jetzt, ganz genau nach unseren nostalgischen Vorlagen, Ihre private Menagerie aus Ihren eigenen Händen erstehen! Seien Sie durchaus ein bisschen anspruchsvoll, und begnügen Sie sich nicht mit der Beschwörung statischer Tierbilder. Ihre fröhliche Fingerfertigkeit wird bald einmal Kopf, Mund und Beine zu bewegen wissen. Fortgeschrittene im Schattenspiel werden vielleicht sogar als gesuchte Schattenzirkus-Dresseure einen lukrativen Nebenverdienst einstreichen können.

Quellen:

«Schattenfiguren – Schattenspiel», von Peter F. Dunkel
Du Mont Buchverlag, Köln, 1984

«Hand Shadows», von Henry Bursill
Verlag Griffith and Farran, London, 1859

«Silhouettes», von Carol Belanger Grafton
Dover Publications, Inc., New York, 1979

«More Silhouettes», von Carol Belanger Grafton
Dover Publications, Inc., New York, 1982

«Kurzweil-Spiele für frohe Unterhaltung»
Franz Wulf Verlag, Warendorf i.W., ca. 1900

«Scherenschnitte», von I.G. Kerp-Schlesinger
Wilhelm Heyne Verlag, München, 1970

«Kleine Antiquitäten», von Lydia Dewiel
Verlag Ex Libris, Zürich, 1973

«Coop-Zeitung» Nr. 8 vom 25. Februar 1982

«Basler Zeitung» Nr. 190 vom 15. August 1981
Artikel «Schwarzkunst», von Hanns U. Christen

«Coop-Zeitung» Nr. 5 vom 4. Februar 1988

«Coop-Zeitung» Nr. 9 vom 28. Februar 1985

«Schwarze Märchen», von Helene Gabillon
Verlag Gerold & Co., Wien, 1880

«Dictionnaire des Jeux»
Verlag Réalités de l'Imaginaire, Henri Veyrier, Paris (ohne Jahrgang)

Rattologisches Kunterbunt

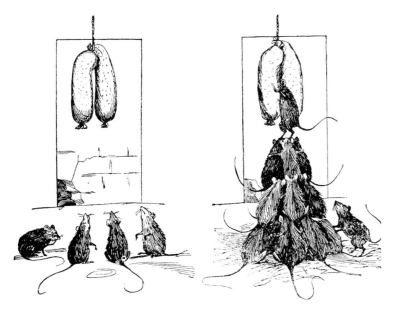

Ratten sind schlaue Tiere. Wenn die Würste zu hoch hängen, formieren sie eine Pyramide, bis die oberste Ratte die Schnur durchbeissen kann. Ob sich der «Chef» (rechts) beim grossen Rattenschmaus dann tatsächlich so genüsslich auf den Bauch klopft, wie es sich der Zeichner dieser Szene vorstellt, darf bezweifelt werden.

«Spielwarenhändler mit gezähmter Ratte» – eine Jahrmarktsszene aus der Zeit um 1900. Auf diesem Gemälde von F. Hohenberger verblüfft die Ähnlichkeit der Profile von Mensch und Tier.

Neugeborene weisse Ratten wurden im Sommer 1959 in einem Laboratorium der Universität Texas fast zwei Monate hindurch täglich zwölf Stunden lang mit Musik berieselt, und zwar in drei Gruppen: eine mit verschiedenen Werken von Mozart, eine zweite mit Werken der Neuzeit, eine dritte hörte nur das Summen eines Ventilators. Nach Abschluss dieser Periode erhielten die Tiere zwei Wochen Ruhe. Dann wurden sie in Käfige gebracht, in denen sie selbst Musikklänge auslösen konnten. Dabei blieb die Mehrzahl der mit Mozart aufgewachsenen Ratten dieser Musik treu, während die zweite und ebenso die dritte Gruppe sich etwa zu gleichen Teilen für Mozart oder für die moderne Musik entschieden. Offenbar fanden die an sich nahezu geräuschlos lebenden Tiere die klassischen Töne attraktiver als die Klänge unserer Zeit.

In seinem 1985 erschienen Roman «Die Rättin» schildert Günter Grass, wie Ratten als dritte Macht zwischen Ost- und Westblock den Grossen Knall auslösen («‹Feierabend auf Erden›, rief die Rättin»), indem die Nager die Computer-Sicherheitssysteme anknabbern. «Die Rättin, von der mir träumt, lachte, als sei es Ratten möglich, höhnisch oder herzhaft, lauthals oder gutmütig zu lachen.»
Und irgendwo in seinem vielseitigen Epos schildert Grass eine Versammlung strickender alter Frauen: «Weil alles gesagt ist, will niemand mehr etwas sagen. Diese Geschichten sind gut nur zum Müdemachen...»

*

Gaylord Ellison, Professor für Psychologie an der Universität von Kalifornien, hat 1984 mit Testreihen das Trinkverhalten von Ratten untersucht und festgestellt: Neun Prozent

In einem Pariser Varieté zeigte 1892 der Rattendresseur Monsieur Dourof 230 Ratten und eine Katze namens «Rominagrobis», die ihre Rolle als Managerin der ganzen Schaustellung vortrefflich spielte: Vor jedem Auftritt leckte sie die betreffenden Ratten zärtlich ab, um sie so fit für ihre Aufgabe zu machen. Dann startet der reine Rattenspektakel ohne Katze: Im Bahnhof «Rattenstadt» (selbstverständlich mit der Trikolore auf dem Dach ...) zeigte sich die Frau Bahnhofvorstand samt ihrem jüngsten Rattenkind auf dem Balkon. Ihr Gatte, mit Chefmütze, regelte die Abfahrt eines Zuges:
Ein Dutzend schwarze Ratten huscht in den Wagen erster Klasse, ein Dutzend weisse Nager strömt in die zweite und ein drittes Dutzend der quirligen Tiere hüpft brav in einen Drittklasswagen. Auf einen Pfiff des Dresseurs schleppen «Dienstmänner» kleine Köfferchen in den Gepäckwagen (Bild unten links). Dann saust der Signalwärter zu seinem Häuschen (rechts im grossen Bild) und gibt die Ausfahrt frei. Die Lokomotivführerratte zieht am Glockenseil auf der Maschine, und schon rattert der Rattenexpress Richtung Tunnel. Auf dem Bahnsteig von «Rattenstadt» allerdings ereignet sich – sozusagen als Pausenfüller, während der Zug durch den Tunnel dampft – ein bissiges Rencontre zwischen dem «Chef de Gare» und einem arbeitsunwilligen «Homme d'Equipe»: Monsieur le Chef packt seinen Untergebenen am Ohr und liest ihm so die Leviten (unten rechts).

neigen zum Alkoholismus. Sein Kommentar: «Das ist etwa der gleiche Prozentsatz wie bei den Menschen!»

*

In Bikaner, im nordwestindischen Radjasthan, werden Ratten in einem ihnen geweihten Tempel verehrt, gefüttert und gepflegt. Die Ratte gilt dort als Symbol der Weisheit und des Überflusses. Ausserdem wird sie als Reittier des elefantenköpfigen Gottes Ganesha gepriesen.

*

In Stockholm wurde 1985 ein Ratten-Schönheitswettbewerb veranstaltet. Präsentiert hatten sich 80 Nager samt Besitzern. Eigentümerin des Siegers «Roquefort» (er wurde wegen seiner Lieblingsspeise so getauft) war die 17jährige Schülerin Viviane Gaardsberg, die ihre Star-Ratte überall hin mitnahm, sogar in die Schule. Für den teuren französischen Käse als Rattenfutter gab Viviane ihr ganzes Taschengeld aus ...

*

Ratten der mexikanischen Hauptstadt feierten zum Jahreswechsel 1982 eine regelrechte Haschparty. Zeitungsberichten zufolge machten sie sich über Marihuana her, das als Beweismaterial im Bundesgericht gelagert war. Die Ratten waren danach so «high», dass sie Beamte angegriffen hätten, die nach den Feiertagen an ihre Arbeitsstätten zurückkehrten.

*

Nach Gilbert A. Ralstons Roman «Aufstand der Ratten» drehte Regisseur Manfred Mann um 1970 den Horrorfilm «Willard».
Willard, ein junger, frustrierter Büroangestellter, richtet im

1855 in Paris. Kaiser Napoleon III. beherrscht Frankreich. Die Soldaten seiner Garde tragen wieder Bärenfellmützen wie zu Zeiten des Empereurs Napoleon I. Am Sonntag amüsieren sich die Pariser auf einer «Foire». Ein «Charmeur des Rats» zeigt seine Künste: Ein Dutzend dressierte Nagetiere erklimmt auf Kommando den Zauberstab des Künstlers. Unterm Tisch warten noch Eulen, ein Hase und Vögel auf ihren Einsatz.

Keller Ratten ab, die er gegen seine Feinde einsetzen will. «Socrates», der Rattenkönig, und «Ben», eine eher philosophische Ratte, sind Willards Lieblinge, die er, im Aktenschrank versteckt, auch im Büro bei sich haben will. Eines Tages entdeckt Willards Arbeitgeber «Socrates» und erschlägt ihn. Nun befiehlt der Rattendompteur seinen Schützlingen den totalen Angriff auf den «Mörder» von «Socrates». Entsetzt springt der Chef aus dem Fenster. Die Ratten haben ihre Pflicht getan, jetzt können sie gehen. Willard versenkt seine 500 Ratten im Gartenbrunnen. Aber «Ben» gelingt es zu entfliehen. Er mobilisiert ein neues Rattenheer, das sich durch alle Türen durchfrisst und schliesslich auch Willard zum Selbstmord zwingt.

*

Für den Begriff «Rattenkönig» gibt es zwei Deutungen:
1. Konrad Gesner und englische Zoologen meinen, dass es sich um eine besonders grosse Ratte mit hellem Fell handle, die von einem Dutzend speziell starker Ratten als Leibwächter geschützt wird. Sobald die gewöhnlichen Ratten diesen Rattenkönig erblicken, würden sie sich ruhig und irgendwie «ehrfürchtig» verhalten.
2. Als «Rattenkönig» gilt aber vor allem die unheilvolle Schwänzeverknotung junger Ratten (pränatal im Bauche der Mutter oder erst im Nest); ein allerdings mehr volkskundlicher als zoologischer Begriff.
Solche «Rattenkönige» sind (wie Alfred Brehm in der Erstausgabe seines «Thierlebens» rapportiert) in Altenburg (27 verschlungene Ratten), in Düsseldorf im Februar 1880 (siehe unsere Illustrationen) mit acht und in Châteaudun im

Barthélemy Chanssanée, ein französischer Rechtsanwalt im 15. Jahrhundert, verdankte seinen guten Ruf als Advokat einem Prozess gegen Ratten, in dem er als (erfolgreicher) Verteidiger dieser vor einem ordentlichen Gericht angeklagten Tiere aufgetreten war. Unser Bild, eine Zeichnung von Fellmann, trägt den Titel «Procès des Rats».

(Als im 16. Jahrhundert ein Teil der spanischen Mittelmeerküste von einer Rattenplage betroffen war, verbannte ein Priester die Nager auf eine der Küste vorgelagerte kleine Insel. Prompt hätten die Ratten, so heisst es in der Chronik, diesen kirchlichen Verbannungsbefehl befolgt ...)

Zwischen (etwa) 1820 und (ungefähr) 1860 grassierte in London ein mörderischer Sport, dem sich (sonst) ehrenwerte Gentlemen mit einer geradezu fanatischen Inbrunst widmeten: Ein gewisser «Onkel Thomas» publizierte um 1850 sein ominöses Rattenbuch «Rat!!! Rat!!! Rat!!!» Er schilderte das Treiben in den Rat-Pits als einen höchst verdienstvollen Sport («Rat-Killing»), der Abend für Abend ein paar hundert Ratten das Leben kostete. Es wurde gewettet, welcher Hund in möglichst kurzer Zeit die meisten Ratten vernichtete. Dem Bull Terrier «Billy» gelang es, am 22. April 1823, 100 Ratten innert fünfeinhalb Minuten totzubeissen. Noch effizienter war «Major», den man wegen seines «wonderful Feat of killing 150 Rats in eight Minutes and 48 Seconds» lobte.

November 1899 mit sieben Ratten gefunden worden. Der zehnköpfige Rattenkönig von anno 1772 in Erfurt und das sechsteilige «Ratten-Ungeziefer», das im Juli 1683 in Strassburg in einem Keller entdeckt wurde, ergänzen diese keineswegs vollständige Liste.

*

In Norwegen erzählt man sich die Legende von der Rattenfrau:
Die Ausbildung einer Rattenfrau beginnt schon in jungen Jahren. Sie konzentriert sich auf das Spielen rätselhafter Ratten-Locktöne auf einer Dreitonpfeife, auf die Entdeckung von Rattenkolonien und auf das Steuern kleiner Boote.
Ein Rattenmädchen verbringt erst eine gewisse Zeit als Lehrling bei einer ausgebildeten Rattenfrau, bis es selbst für seine Aufgabe geeignet ist.
Wendet sich eine von Ratten geplagte Gemeinde an eine Rattenfrau, verhandelt diese mit ihrer Schutzfee, die im voraus bezahlt werden muss. Dann lokalisiert sie das Nest des betreffenden Rattenoberhauptes, stellt sich in dessen Nähe auf und spielt die traditionellen Rattentöne auf ihrer Pfeife. Bald reagiert der Rattenchef auf die Musik, und nach ihm versammelt sich der ganze Stamm um die Rattenfrau. Immer weiter pfeifend lockt sie die Ratten zu ihrem Boot am Meeresufer und rudert dann, ohne die Geistermusik zu unterbrechen, in die See hinaus. Dies verlangt eine grosse Geschicklichkeit, denn sie muss mit den Fingern einer Hand die Flöte spielen und mit der anderen Hand rudern. Alle Ratten schwimmen ihr wie gebannt nach, doch bald säuft

Um 1850 existierten in London sieben solcher «Rat-Pits», wobei die Lokale «Zum wilden Mann», «Triumph», «Zur Kathedrale von York» und das «ständig mit neuen Ratten versorgte» Etablissement der Herren Shaw und Sabin besonders fleissig von den grausamen Wett-Gentlemen frequentiert wurden.
Hier beobachtet ein Dutzend Wetter (drei davon mit der Taschenuhr in der Hand) die Ratten-Arena. Die vom französischen Karikaturisten Paul Gavarni gezeichneten «Tierfreunde» hoffen, dass «ihr» Hund am meisten Ratten vernichtet.

Der «Time Keeper» spielt Schiedsrichter. Auf die Sekunde genau wirft er einen der Rat-Dogs (sie heissen «Jenny Lind» nach der schwedischen Sängerin (!), «Rose», «Prince»; die eigentlichen Stars und Rekordinhaber sind «Billy» und «Major») in das Rattenloch.

die schwächste ab, und so verschwindet nach und nach das ganze Rattenvolk, bis nur noch ihr König übrigbleibt. Doch auch ihn verlassen irgendwann die Kräfte, und er versinkt, wenn der letzte Ton der Flöte über dem einsamen Wasser erklingt.

*

In einer Sammlung von altdeutschen Erzählungen und Schwänken – alle zum Thema «Die listigen Weiber» – findet sich ein sehr frauenfeindlicher Rattenvergleich: «Eine Ratte hauste in der wohlverschlossenen Speisekammer eines Edelmannes, der ihr manche Falle stellte. Als die Ratte dies gewahrte, nahm sie sich vor, stets auf der Hut zu sein, um nicht in Gefangenschaft zu geraten. Auch spielte sie dem Hauswirt allerlei Streiche und vermass sich, jede menschliche List zuschanden zu machen. Wenn er im Bett lag, lief sie hin und her und störte ihn über alle Massen. Einmal fing die Ratte in ihrer Tollkühnheit an, die Falle rundherum im Scherz zu benagen. Allein, da sie den Bau der Falle nicht kannte, wurde sie von dieser erfasst und gefangen. Der Hauswirt eilte hurtig herbei, und die Ratte musste ihr Leben lassen.
Aus diesem Beispiel soll man lernen, dass man die Vorsicht nie verletzen darf. Jedes Weib ist eine Falle, davor man sich weidlich hüten muss. Sie legen ihre Netze und Schlingen aus und fangen minnetrunkene Männer. Wer ihnen auf den Leim geht, der verdirbt wie die Ratte.»

Angsterfüllt drängen sich die Ratten in einer Ecke des «Pits». Sie versuchen dort, durch die Bildung einer Rattenpyramide zu entkommen. Aber schon naht das Verhängnis …

Im Frühjahr 1880 fand man im Schlachthaus von Düsseldorf einen aus acht ineinanderverknoteten schwarzen Hausratten bestehenden toten «Rattenkönig». Ob dieses Konglomerat schon im Mutterleib entstanden war oder sich erst im Rattennest bildete, war nicht mehr festzustellen.

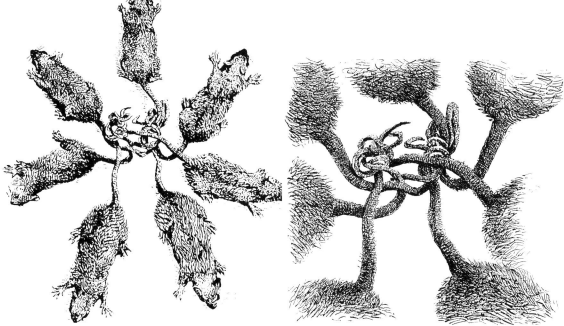

Schon ein aufgeweichter ton- oder lehmhaltiger Boden würde Klebstoff genug enthalten, um eine solche Verschlingung vorläufig zu fixieren. Wenn dann die Tiere von der Mutter durcheinander gewirbelt werden, bilden sich weitere unauflösliche Knoten.

Der Rattenfänger von Paris

Von einem abenteuerlichen Jagdzug durch das unterirdische Paris gibt 1910 ein englischer Journalist eine anschauliche Schilderung. Als ein Gast von Georges Ménart, dem Rattenfänger von Paris, ist er nächtlicherweise durch das Riesennetz von Kanälen gewandelt, durch die die Abwässer von Paris der Seine zugeführt werden.

«Eine seltsame Beklommenheit überkommt den Laien bei diesem Gang durch die feuchten, kühlen Tunnels, überall herrscht Dunkel, und nur ungewiss sieht er vor sich den Schatten des Rattenfängers, der hier zu Hause ist und mit seinen mächtigen wasserdichten Schaftstiefeln sicher an dem schmalen Rande des unterirdischen Flusses dahinschreitet. Monsieur Ménart trägt seinen Käfig auf dem Rücken, fast kein Wort wird gesprochen, nur hin und wieder wendet sich der Rattenfänger zu seinem Gaste, um ihm eine kurze aufklärende Bemerkung zuzuflüstern. Er trägt eine kleine Acetylen-Laterne, deren Licht er sorgsam abdeckt. Von allen Seiten münden kleinere Kanäle in die Hauptströme, jedes Haus hat sein eigenes Abflussrohr. Hier ist es, wo die Pariser Ratten nächtlicherweise ihr Mahl halten. Der Rattenfänger geht schnellen Schrittes dahin, streift im Vorbeigehen jede Abflussmündung mit seiner Laterne. Plötzlich bleibt er stehen. Ein breiter Lichtstrahl fällt grell durch das Dunkel. Ménart presst die Lippen zusammen, und ein seltsames, lockendes, zwitscherndes Pfeifen wird hörbar. Sofort springt eine grosse Ratte mit blitzenden schwarzen Augen aus dem Dunkel. Der Rattenfänger pfeift weiter, und in Kreisen nähert sich das Tier.

*Ein Märchen zwischen Legende und Realität: Am 26. Juni 1284 verschwanden in Hameln tatsächlich spurlos 130 Kinder.
Es gibt drei Deutungsversuche dieses Phänomens:
1) Die Kleinen wurden beim Spiel in einer Höhle verschüttet.
2) Ein sogenannter «Lokator» habe sie zur Besiedlung östlicher Länder (Böhmen, Mähren, Baltikum?) entführt.
3) Ein buntbekleideter Pfeifer habe die Kinder aus Rache für den verweigerten Rattenfängerlohn irgendwo/irgendwie ins Verderben gelockt.
Auch das Märchen selber kennt mehrere Varianten. Auf das Versprechen des Bürgermeisters, ihm einen Beutel voll Gold zu geben, wenn er Hameln von einer schrecklichen Rattenplage befreie, habe ein fremder Pfeifer mit seiner Flöte Abertausende von Ratten aus der Stadt zur Weser geführt. «Dort schürzte er sein Gewand und trat in den Strom. Die Ratten folgten ihm blindlings nach und ersoffen alle wie Pharaos Heer im Roten Meere.»
Nach der Märchen-Interpretation von Robert Browning habe der Pfeifer die Ratten zu einem riesigen Käselaib geführt. «Dort rannten sie Kopf an Kopf hin und schlüpften hinein in die vieltausend Löcher, bis schliesslich auch der Schwanz der letzten Ratte darin verschwunden war. Darauf schlossen sich die Löcher in dem Käse, und langsam löste er sich auf, bis nur noch ein goldgelber Dunst von ihm übrigblieb.»
Browning lässt dann (nach der Verweigerung des Rattenfängerlohnes) den Pfeifer mit den Kindern über Feld und Hügel «in ein neues Land» tanzen. Nach der klassischen Legende sei der Rattenfänger mit den Kindern zum Koppelberg gewandert, der sich vor ihnen aufgetan hat und dann sofort wieder geschlossen habe. Später hätten dann die Entführten in Siebenbürgen wieder das Tageslicht erblickt und dort den sächsischen Volksstamm begründet.
Zurück zu den Tatsachen:
Am alten Rathaus von Hameln las man viele Jahrhunderte lang die Inschrift:
«Im jar 1284 na Christi Gebort – tho Haml worden uthgevort hundert und driczig Kinder, dosülvest geborn – dorch enen piper unter den Köppen verlorn.»
Auch ein Zusammenhang des Verschwindens der Kinder mit den damaligen Kinderkreuzzügen ins Heilige Land wird nicht ausgeschlossen.*

Dann hört man durch die Stille ein raschelndes Tappen, mit einer blitzschnellen Bewegung fährt das Bein des Rattenfängers zur Seite, ein wunderliches, klagendes Quietschen ertönt, und unter dem Fusse hält Ménart die Ratte gefangen. Dann eine rasche Bewegung mit der Hand, die Beute ist im Käfig, und die Jagd geht weiter.
Meilenweit ist man schon gewandert. Bei einer Kreuzung bleibt der Rattenfänger stehen; er öffnet einen Wasserhahn, und rauschend ergiesst sich die Flut in einen vordem trockenen Seitenarm. ‹Ratten!› flüstert der unterirdische Jäger – und mit einem Sprung ist er mit seinen grossen Wasserstiefeln auch schon im Kanal. Ich höre nur noch schrille Schreie, das Plätschern von Wasser, hilflos stehe ich in der Dunkelheit inmitten unzähliger quietschender Ratten. Ich merke, dass das Rattenfangen seine Schattenseiten hat. Als Monsieur Ménart zurückkommt, ist sein Käfig fast voll mit einem Haufen zappelnder Rattenleiber. Mit befriedigtem Lächeln erzählt der Pariser Rattenfänger von seinem Werke:
‹Niemand kann ahnen, wieviele Ratten hier unten leben, Millionen sind es, viele Millionen. Und sie sind klug und schlau, aber nicht klug und schlau genug, um meinem kleinen Geheimnis zu widerstehen. Wenn mein Käfig voll ist – er fasst 55 Ratten –, so stecke ich die übrigen unter mein Hemd auf meinen Körper. Wie oft bin ich schon über und über mit Ratten nach Hause gekommen. Ich jage nur nachts, denn am Tage, wenn die Abzugsröhren bewässert sind, schlafen die Ratten. Jeden Abend schreite ich allein durch diese Kanäle mit meiner Lampe und meinem Käfig und mit meinem kleinen Geheimnis. Und dieses Geheimnis?

Dass Ratten ein später sinkendes oder brennendes Schiff schon Stunden vor der Katastrophe verlassen, weiss man sprichwörtlich. Allerdings soll es auch Glück bringen, wenn sie – wie auf diesem Holzschnitt aus dem 16. Jahrhundert – ein neues Schiff in «Besitz» nehmen. Der Anschaulichkeit halber sind die Proportionen zwischen Schiff, Mensch und Ratten allerdings etwas verschoben worden ...

**Es ist die Angst! Wenn ich komme, so wissen die Ratten, dass sie nicht entfliehen können, die Furcht hypnotisiert sie, und sie alle gehorchen meinem Ruf.›
Monsieur Ménart tötet seine Beute nie. Seine einzige Waffe sind seine kräftigen Hände, die über und über mit Rattenbissen bedeckt sind, und seine Füsse.
Einmal hat er in einer Stunde 117 Ratten gefangen, in der letzten Woche 282 in drei Tagen und im Jahre 1909 betrug seine Jahresernte 20 000. Für 60 Centimes verkauft er dann seine Ratten in Paris oder nach dem nördlichen Frankreich und nach Belgien, wo sie zu Jagdspielen mit den Hunden verwendet werden.»**

Quellen:

«Dictionnaire des Superstitions», von Sophie Lasne und André Pascal Gaultier
Tschou, Editeur, Paris, 1980 (Rattenschiff)

«Illustrirte Zeitung» Nr. 1918 vom 3. April 1880
(Rattenkönig)

«Living Wonders», von John Mitchell und Robert J.M. Rickard
Verlag Thames and Hudson, London, 1982 (Rattenkönig, Eiertransport durch Ratten)

«Popular Prints of the Americas», von A. Hyatt Mayor
Crown Publishers, Inc., New York, 1973 (Rat-Killing)

«L'Illustration, Journal Universel», 1852 (Rat-Killing)

«Musée des Familles», 1868/70, ab Seite 300: »Les Bêtes criminelles au Moyen Age» (Rattenprozesse)

«L'Illustration, Journal Universel», 1855/Seite 72
(Charmeur de Rats)

«Schweizer Hausfreund», Volkskalender für das Jahr 1905
Verlag Christliche Vereinsbuchhaltung, Zürich, 1905 (Kluge Ratten)

«Faszinierende Welt der Phantasie», von Michael Page und Robert Ingpen
Weltbild Verlag GmbH., Augsburg, 1991/Seite 77 (Rattenfrau)

«Basellandschaftliche Zeitung» vom 12. November 1985
(Ratten-Schönheitswettbewerb)

«Keysers Hundebrevier», von Ulrich Klever
Keysersche Verlagsbuchhandlung, Heidelberg, 1960 (Billy, der Rattentöter)

«Die listigen Weiber», Altdeutsche Erzählungen und Schwänke, gesammelt von Karl F. Pausch
(ohne Verlagsangabe und Erscheinungsjahr) (Ratten-Frauen-Vergleich)

«Deutsche Volkssagen»: Der Rattenfänger von Hameln (ab Seite 399)
Weltbild-Verlag, Stuttgart (ohne Erscheinungsjahr)

«Das grosse farbige Märchenbuch»: Der Rattenfänger von Hameln (ab Seite 66)
Octopus Books Limited, London, 1978

«National-Zeitung» (ohne Datum-Angabe), 1910 (Rattenfänger von Paris)

«Coop-Zeitung» Nr. 3 vom 15. Januar 1981 (Indischer Rattentempel)

«Brückenbauer» vom 3. Oktober 1984 (Betrunkene Ratten)

«Die Zeit – Extra» Nr. 50 vom 6. Dezember 1985 (Günter Grass: Die Rättin)

«Genossenschaft» Nr. 30 vom 26. Juli 1969 (Ratten lieben klassische Musik)

«Der Bund» Nr. 237 vom 9. Oktober 1984 (Rattenfänger von Hameln)

«National-Zeitung – am Wochenende» vom 16. April 1972 («Willard»)

«Abend-Zeitung» (Basel) vom 7. Januar 1982 (Marihuana-Ratten)

«Geo» Nr. 5/Mai 1990: «Ratten: Ein Erfolgstyp aus der Gosse» (Erfurter Rattenkönig)

Kunstbildersammlung Hans A. Jenny, Tecknau (Bild «Spielwarenhändler mit Ratte»)

«Meyers Grosses Konversationslexikon», Band 8, Hameln, Seiten 691/92
Verlag Bibliographisches Institut, Leipzig, 1905

«Wunder, Wundergeburt und Wundergestalt», von Eugen Holländer
Verlag Ferdinand Enke, Stuttgart, 1921 (Rattenkönig)

«Les Animaux excentriques», von Henri Coupin
Verlag Librairie Veuibert, Paris, ca.1900 (Sirup-Ratten)

Flotte Hirsche – scheue Rehe

Der Dresdner Zwinger und die ehemals in sieben Sälen untergebrachte kurfürstliche Kunstkammer ist ein erstes Mal nach der Belagerung der Stadt in den Jahren 1759/60 im Siebenjährigen Krieg Friedrichs des Grossen beschädigt worden. 1849 zerstörte ein Brand die südlichen Pavillonbauten, und durch die Katastrophe des Bombardements vom 14. Februar 1945 entstand schliesslich ein so grosser Substanzverlust dieser Kostbarkeiten-Kollektionen, dass heute nur noch Reste der ursprünglichen Sammlung erhalten geblieben sind.
Zu unserem Thema interessiert uns vor allem das «siebente Gemach». Es enthielt ausser Dutzenden von «herrlichen Statuen von Metall, Eisen, Marmor, Alabaster, Stucco, Erde, Gips,

Der Rothirsch oder Edelhirsch (Cervus elaphus, L.) war einst der König der deutschen Wälder. «Aussergewöhlich starke Hirsche, Zwanzigender und darüber, sind heute kaum mehr anzutreffen», klagte man schon anno 1890. «Während in früheren Zeiten solche Zwanzigender keine Seltenheit waren (noch im Jahre 1813 wurde ein 26-Ender erlegt, der dreihundertsechzig Kilogramm wog), gehört der auf dem Aquarell von Ad.G. Döring dargestellte Zwölfender heute schon zu den sogenannten Kapitalhirschen.» (Im Hintergrund wartet die scheue Hirschkuh ergeben auf einen freundlichen Blick ihres erhabenen Herrn und Gebieters...)

Hirschjagden können manchmal auch anders enden als sich die Jäger das vorstellen. In der Erzählung «Im Kampf mit einem Karibu» heisst es zum ersten Bild: «Jetzt waren die Jäger die Gejagten …»

Wachs und Holz» auch zwei Hirsche in Lebensgrösse – «einer, so ganz weiss und mit präpariertem Hirschhorn reichlich überstrichen; der andere aber ist mit Haut überzogen, und ist in der Seite ein Apothekerkästlein befindlich, in dem der Kurfürstlich Durchlautigste Sächsische Hofapotheker Johann Wechinger hat dartun wollen, mit was für grossem Nutzen dieses Tier in den Arzeneien zu gebrauchen, wie aus folgendem Verzeichnisse zu lesen:

1. Ein ganz Hirschgeweihe, so weiss, mürbe und ohne Feuersglut also präpariert und gebrannt, welches auf des Hirsches Kopf stehet.
2. Eine Stange vom Spiesshirsch gleichergestalt als gebrannt, so mit Auro potabili oder wahrem Goldöl durch und durch imprägniert ist, hänget in des Hirsches Munde.
3. Die Essentia aus dem Hirschgehirn.
4. Die Lacrymae oder der Biesem des Hirsches, so in allen beiden Augen zu finden.
5. Ein Ringlein, aus des Hirsches Klauen gemachet, so wider den Krampf dienet, hanget in des Hirsches Ohre.
6. Ein Rieme, so aus des Hirsches Haut zur rechten Zeit geschnitten und an des Hirsches Halse zu finden.
7. Bezoar aus dem Hirsche, so in der Arznei sehr nutzbar und rar ist.
8. Magisterium aus dem Hirschhorn.
9. Tinctura aus dem Hirschhorn.
10. Spiritus Sanguinis Cervi.
11. Oleum Cornu Cervi.
12. Liquor Cornu Cervi.
13. Salz aus dem Hirschhorn.
14. Die Sulutio aus des Hirsches Herzbeinen.
15. Gelart Cornu Cervi.
16. Hirschherzwasser.
18. Parelleli Cervi.
19. Rasura Cornu Cervi.
20. Rasura Cranii Cervi.
21. Mumia Cervi.
22. Hirschbrunst.
23. Gebrannt Hirschhorn.
24. Präpariert Hirschhorn.
25. Hirschkreuz.
26. Hirschkugeln.
27. Pulvis Cordis Cervi.
28. Pulvis P.monum Cervis.
29. Pulvis Hep.is Cervi.
30. Pulvis Renum Cervi.
31. Pulvis Testiculorum Cervi.
32. Hirsch Unschlet.
33. Sanguis Cervi.
34. Feist aus des Hirsches rechten Auge.
35. Feist aus des Hirsches linken Auge.
36. Nervi Cervi.
37. Hirschmark.
38. Priapus Cervi.
39. Hirschzähne.
40. Hirschhaare.
41. Hirschzunge.»

«Der Stamm fing an, sich unter Alfreds Last zu biegen …», lautet der Kommentar zu diesem tragikomischen Finale einer Jagdpartie. Der zoologischen Ordnung halber sei hier aber festgestellt, dass die Karibu zwar ein hirschartiges «Outfit» zeigen, genau genommen jedoch Rentiere sind. Die Rene sind sogenannte Trughirsche, bei denen beide Geschlechter Geweihe tragen – die Böcke allerdings etwas grössere …

Im Zirkus Schulmann machte anno 1900 eine seltsame Hirschdressur Furore: Aus einer Höhe von zehn Metern sprangen Hirschkühe in ein Wasserbassin!

Wie Aktaion wurde auch Herne, der Jäger, in einen Hirschen verwandelt. Herne ist eine Fabelgestalt, die in einzelnen Varianten der Robin Hood-Geschichten oder im Umfeld der König Artus-Sagen erscheint. Herne hat die Gestalt eines struppigen Waldgeistes. Er trägt Geweihsprossen wie ein grosser Hirsch und reitet auf einem feuerspeienden Pferd durch die Wälder in der Nähe von Windsor Castle. Man erzählt sich auch, dass er zur Leibwache und den Jägern des frauenreichen Königs Heinrich VIII. gehörte.

Er hatte seinen Herrn irgendwie beleidigt und wurde dann entweder auf königlichen Befehl aufgeknüpft – «oder er erhängte sich selbst, draussen im Wald, völlig verzweifelt und von Gewissensbissen geplagt».

Herne, ein mächtiger, strafender und belohnender Waldgeist, soll sich feinfühligen Menschen bei Einbruch der Dunkelheit zeigen und manchmal ihre geheimsten Wünsche erfüllen.

Das letzte Mal sei der Hirschmann Herne im Jahre 1964 beim Schlosspark von Windsor gesehen worden ...

*

Regelrechte Geweih-Friedhöfe sind das ehemals dem in Sarajewo ermordeten österreichischen Thronfolger Franz Ferdinand gehörende Schloss Konopischt bei Beneschau in der Tschechei und das Jagdschloss Blühnbach im Hagengebirge.

Auch der im Dritten Reich für das Jagdwesen zuständige Hermann Göring schoss soviele Böcke, dass er in «Karinhall» fast keinen Platz mehr für all die Geweihe fand.

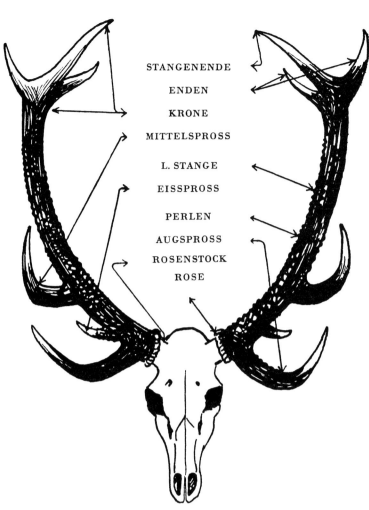

GEWEIH-BEZEICHNUNGEN BEIM ROTHIRSCH

STANGENENDE
ENDEN
KRONE
MITTELSPROSS
L. STANGE
EISSPROSS
PERLEN
AUGSPROSS
ROSENSTOCK
ROSE

Im Besitze des Fürsten zu Hohenlohe-Oehringen, aus der zweiten Hälfte des 16. Jahrhunderts stammend, ist der silbergetriebene und vergoldete «Hermesberger Willkomm»-Becher ein besonderes Prunkstück.
Wer aus dem Hirsch trinken wollte, musste einfach den Kopf des Tieres nach unten kippen.

Der französische Baron La Hontan erzählte in seinen zwischen 1684 und 1691 an den Herzog von Devonshire geschriebenen Jagdberichten aus Kanada, dass die Indianer sich unter Elchfellen verstecken und sich so gewissermassen als «Verwandte» an Hirschherden anschlichen.
Auch bei dieser Darstellung gilt es, zoologische Begriffe zu klären: «‹Deer› ist in Amerika und Kanada ein kaum übersetzbares Sammelwort, da es mehrere Arten dieser in Europa weniger bekannten Schalenwildgattung gibt (Weisswedelhirsch und Maultierhirsch in etlichen Unterarten). Man könnte sie als ‹Kleinhirsche› oder ‹Grossrehe› bezeichnen. Der Wapiti, in den Vereinigten Staaten ‹Elk› genannt, ist dagegen die neuweltliche Form des Rothirsches. Es ist nicht ganz klar, ob in diesem Falle ‹Elks› im europäischen Sinne mit ‹Elche› oder im amerikanischen mit ‹Hirsche› zu übersetzen ist. Der Elch heisst ja in den USA auch ‹Moose› ...»

Artemis, die jungfräuliche Tochter des Zeus, und der Leto (Latona), galt bei den Griechen als eine in der freien Natur in Bergen und Tälern, Wäldern und Wiesen, ganz besonders aber bei Quellen, Bächen und Seen (zusammen mit ihren Gespielinnen, den Nymphen) waltende Gottheit. Eigentlich nur so nebenbei war sie auch noch Jagdgöttin und wurde als solche Agrotera genannt. Als ihr Lieblingswild galt der Hirsch. Ihr zu Ehren feierte man im Frühling das Fest der Elaphebolien in Form einer Hirschjagd. Man opferte ihr Hirsche und ass Kuchen in Hirschgestalt. Artemis war als eigentliche Universal- oder Kompendialgöttin auch zuständig für das Wohl der weiblichen Jugend, für die Keuschheit und für Entbindungen. Sie gehörte zu dem Kreis der Hochzeitsgötter. Die Römer stellten dann der Artemis ihre Mond- und Jagdgöttin Diana gleich. Unsere Zeichnung zeigt die Artemis (in Hirschbegleitung) aus dem Pariser Louvre, die sogenannte «Diana von Versailles».

Aktaion war ein junger, hübscher Mann und ein leidenschaftlicher Jäger. Er behauptete, er treffe mit Pfeil und Bogen besser als die Göttin Artemis. Als er dann noch diese jungfräuliche Tochter von Zeus und Latona beim Bade mit ihren Nymphen beobachtete, verwandelte ihn die erzürnte Artemis in einen Hirsch. Als solcher wurde Aktaion von seinen eigenen Hunden zerrissen.

Frau Elster beglückwünscht Frau Reh zur Geburt ihres Jüngsten, des «Waldkindes Bambi»: «Was für ein schönes Kind! Wie erstaunlich, dass es gleich stehen und gehen kann! Wie interessant! Ich finde überhaupt, dass alles bei euch Rehen sehr vornehm ist!»

Hunderte von Hirschgeweihen wurden im Januar 1912 in Berlin ausgestellt. Wieviele davon von Kaiser Wilhelm II. persönlich «geliefert» worden sind, hat man verschwiegen ...

*

**In alten Rezeptbüchern wird immer wieder auf Hirschmittel aufmerksam gemacht:
«Gebrandten Hirschhorns man drey Drachmas (11 Gramm) giebet ein/ Es stärcket/wärmt das Hertz/machts Blut vom Giffte rein.
Tut Eure Glieder bald mit Hirschen-Unschlitt schmieren/Wann sie ermüdt/erhitzt/ihr nicht mehr könnet rühren.
Und schmiert mit Hirschmarck offt/die Wunden so zerspalten/Es heylt und ziehet an/kan wol zusammen halten.
Gesundes Hirschen-Blut/das dörrt und nehmet ein/Es zieht von innen an und adstringieret fein.»**

*

Noch deutlicher ist der nächste Rat für flotte Hirschen:

**«Hirsch-Hoden, so sie gepülvert sein
Nehmt dreyssig Gran (ca. 75 Gramm), getrunken in Wein
Macht wunderlich geil und den Samen rein.
Dann hurtig hinter die Weiberlein!»**

Hörnern hat man (vor allem in Asien) königliche und göttliche Wirkungen zugesprochen. Erst das Christentum hat die «Uomini cornuti» im wahrsten Sinne des Wortes verteufelt. Auch Kain, der Brudermörder, ist mit Hörnern dargestellt worden. Man hat behauptet, von ihm würden alle späteren Monster-Menschen abstammen. Der Steinbockmann und seine bis auf Hörner und Hufe sehr humane Steinböckin sind reine Fabelwesen aus dem Mittelalter.

Felix Saltens populärstes Werk erschien zwar schon 1922, wurde aber erst so richtig berühmt, als Walt Disney 1942 seinen «Bambi»-Film in die Kinos brachte. Man munkelte, der 1945 in Zürich verstorbene Autor dieses Weltbestsellers über scheue Rehe sei auch der Verfasser des Wiener Sittenromans «Josephine Mutzenbacher». Um nicht in die Rolle des kleinen Skunks zu verfallen, möchte wir festhalten, dass Felix Salten (er wurde als Siegmund Salzmann 1869 in Budapest geboren) sieben weitere Tierbücher geschrieben hat und ausserdem bei der »Neuen Freien Presse» in Wien sachkundiger, brillanter Theaterkritiker war.

Durch einfaches Ziehen an der Lasche dieser Jugenstilpostkarte konnte man (oder frau) aus einem bekränzten Jäger einen gehörnten Gentleman machen.

Der Bibel-Illustrator Gustav Doré (er zeichnete auch Volkstypen in der Manier von Daumier und Gavarni) hat hier eine beziehungsreiche Szene aus dem Pariser «Jardin des Plantes», dem Stadtzoo der Seinestadt, skizziert: Während der Gatte den stolzen Hirsch bewundert, steckt der Liebhaber seiner Gemahlin hinterrücks blitzschnell eine heisse Botschaft ins griffbereite Händchen.

Quellen:

«Illustrirte Zeitung» 1900/Band 2, Seite 467 (Dressierte Hirsche)

«Adam und die Tiere» (ohne Autorangabe)/Seite 51 (Aktaion) Buchclub Ex Libris, Zürich, 1964

«Grapouillot» Nr. 46/April 1960: Paris Pittoresque: Le Quartier Latin – Montparnasse (Seite 57) (Doré-Zeichnung)

«Faszinierende Welt der Phantasie», von Michael Page und Robert Ingpen Weltbild Verlag GmbH., Augsburg, 1991 (Herne)

«Grösste Denkwürdigkeiten der Welt», von Eberhard Werner Happel Verlag Rütten & Loening, Berlin, 1990 («Hirschkabinett»)

«Das Neue Universum», 27. Jahrgang, 1890 Union Deutsche Verlagsgesellschafft, Stuttgart (Hirsch jagt Jäger)

«Il Dizionario illustrato dei Mostri», von Massimo Izzi Gremese Editore, Roma, 1989 (Steinbock-Menschen)

«Das Jahrbuch des Jägers» von diversen Autoren Verlag «Das Bergland-Buch», Salzburg, 1963 (Hirschpokal/Hirsch-Rezepte)

«Die Jagd – von der Urzeit bis heute», von Michael Brander BLV Verlagsgesellschaft München, 1972 (Hirsch-/Elch-Jagd durch Indianer)

«Wild und Weidwerk», von Paul Vetterli Artemis-Verlag, Zürich, 1947 (Rothirsch-Geweih)

«Fantasy Postcards», von William Ouellette Sphere Books Ltd., London, 1975 (Geweih-Mann)

«Der Zwinger zu Dresden», von Fritz Löffler Verlag Staatliche Kunstsammlungen, Dresden, 1981 («Hirschkabinett»)

«Bambi», von Felix Salten Albert Müller Verlag AG., Rüschlikon-Zürich (ohne Jahreszahl)

«Meyers Grosses Konversationslexikon», Band 1: Artemis Verlag Bibliographisches Institut, Leipzig, 1905

«The Sketch», London, vom 28. Februar 1912 (Geweihausstellung)

«Monstra per excessum»

«Teratologie» und «Missbildung» sind zwei Stichworte, die man in modernen Allgemein-Lexika entweder gar nicht mehr oder dann nur noch mit Stichwort-Erklärungen findet. Weil wir in unserem «Panopticum» sowieso die nostalgisch-historischen Aspekte der einzelnen Kapitel beleuchten, sei uns auch im Bereich der tierischen Missbildungen der Rückgriff auf den «guten, alten Meyer» von 1907 gestattet, der sich erfreulicherweise nicht nur mit Generalthemata, sondern auch noch (stellenweise recht gründlich) mit wissenschaftlichen Seitenaspekten befasste. Logischerweise sind diese Meyer'schen Artikel teilweise von der aktuellen Forschung überholt worden; sie vermitteln uns aber trotzdem einen interessanten Einblick in die Betrachtungsweise jener Jahrhundertwende, die besser zu unserem Bildmaterial passt als gelehrte Ausführungen in der Fachsprache unserer Computer-Gegenwart:

Noch sensationeller als die doppelte «Dürersau» war das dreifache Lamm, das im Juli 1620 in Klausenburg (Koloszvar) in Ungarn zur Welt kam. Zur Bekräftigung, dass es sich nicht um ein Fantasiebild handle, fügt die Legende zu diesem «Drei Leiber, ein Kopf»-Kuriosum noch bei, das dreifache Lamm («Lampel») sei «von fürnehmen Herrn gesehen worden».

Im elsässischen Sundgau wurde 1496 in Landser ein Schwein geboren, das zwar einen Kopf und zwei Augen, jedoch auch zwei Zungen, dazu vier Ohren, zwei normale Vorderbeine, vier Hinterbeine und dazu noch ein aus dem Rücken herauswachsendes Beinpaar aufwies. Der Körper des von Albrecht Dürer gezeichneten Unikums (das bald einmal als «Dürersau» bekannt wurde) war vom Kopf bis zum Nabel vereint, trennte sich dann aber in zwei selbständige Hinterteile. Diese tierische Wunder-Missgeburt wurde so populär, dass sich auch Sebastian Brant, der Dichter des «Narrenschiffes», mit ihr befasste.

«Unter Missbildung (Vitium primae formationis) versteht man jede Abweichung von dem normalen Entwicklungsgang eines Keims zum reifen Individuum. Im Tierreich nehmen die Missbildungen an Häufigkeit und an Mannigfaltigkeit zu mit der Kompliziertheit des Entwickelungsvorganges. Am besten erforscht ist die Pathologie der Entwickelungsgeschichte bei den höhern Säugetieren und besonders beim Menschen. Das Produkt einer M. ist die Missgeburt (monstrum, monstrositas, griech. teras, daher die Lehre von den Missgeburten, Teratologie). Wie am Keim der Embryo von den ausser ihm liegenden Umhüllungs- und Ernährungsapparaten und an dem Ernährungsorgan ein embryonaler von dem mütterlichen Anteil zu unterscheiden ist, so lassen sich die Monstra einteilen in solche, die durch Bildungsanomalien am Embryo selbst, in solche, die durch Erkrankungen der Eihäute und des embryonalen Fruchthofs, und in solche, die durch Fehlentwickelungen am mütterlichen Teil der Placenta entstanden sind. Die beiden letzten Kategorien (Molen) umfassen die höchsten Grade der Missgestaltungen und entstehen in sehr frühen Perioden nach der Befruchtung. Die Missbildungen des Embryos selbst zerfallen in Doppelmissbildungen und einfache

Ende Februar 1895 schoss der Jäger Meyenn in der Gegend von Stavenhagen in Mecklenburg diesen mit einer Gehörnmissbildung behafteten Rehbock. «Das Perrückengehörn ist vollständig», berichtete damals die Presse, «obwohl die Rehböcke in dieser Zeit normalerweise ihr Gehörn längst abgeworfen haben. Der von einem Fachmann präparierte Kopf wird von dem glücklichen Schützen zum Kauf angeboten. Die photographische Aufnahme des Wundertieres ist bei Ernst Sachs in Malching zu bestellen.»

Ein Perrückenbock galt als Zeichen des Himmels, als Ankündigung eines grossen Ereignisses. Anno 1676 jedoch, als dieses auch unseren Buchtitel zierende Spezialgehörn entdeckt wurde, stand lediglich der Tod des russischen Zaren Alexei und der Aufstand der Virginier in Amerika gegen den englischen Gouverneur bevor ...

Im Jahre 1580 fing der Wirt Hans Mair in Memmingen ein «nyeerhörtes Rech ser wunderbar». Er wolle nun, so vermeldet dieses Flugblatt, seine Gaststätte inskünftig «zum guldin Hirschbock» nennen. Damit auch allen klar war, wer der Besitzer dieser Sensation war, schmückte Hans Mair das Tier mit der eigenartigen «Frisur» mit einem Halsband mit seinen Initialen HM.

Sogar zwei Wundertiere auf einen Streich sollen im Mai 1603 geboren worden sein – beide mit je einem Körper und zwei Köpfen (links). Die obrigkeitliche Bewilligung als Signatur und Plazet dieser Publikation bezieht sich natürlich nur auf die Druckerlaubnis und ist nicht als amtliche Bestätigung der Missgeburten zu werten. Auch die Bezeichnung «Wahrhafte Contrafectur» hinderte in jener Zeit einen Jahrmarktszeichner nicht daran, Tatsachen noch stärker zu «attraktivieren».

Missbildungen. Die Doppelmonstra gehen nach Annahme mancher Autoren hervor durch Spaltung eines ursprünglich einfachen Keims, nach Auffassung andrer durch Verwachsung einer ursprünglich doppelten (oder mehrfachen) Keimanlage. Am häufigsten liegen die Achsen beider Embryos parallel, und es besteht eine Verschmelzung entweder der Köpfe (Janusbildungen), oder der Brustkasten (Thorako- oder Sternopagen), oder des Bauches (Gastropagen). Die Achsen beider Körper können aber auch in einer Linie liegen, oder sie bilden (freilich höchst selten) einen Winkel oder kreuzen sich. Die nicht verwachsenen Teile, in den meisten Fällen die Extremitäten, sind sofort als doppelt vorhanden erkennbar; an den Stellen der Verschmelzung ist oft am Skelett die zwiefache Anlage nachzuweisen, so dass die Einfachheit nur eine scheinbare, durch die Formen der Weichteile bedingte war. Die meisten Doppelmonstra sind nicht lebensfähig, viele sterben während der Geburt, die äusserst schwierig und gefahrvoll ist, selten ist die Verwachsung so auf äussere, nicht lebenswichtige Organe beschränkt, dass die Individuen nebeneinander bestehen können. Die bekanntesten Beispiele sind die siamesischen Zwillinge und die zweiköpfige Nachtigall. Die einfachen

«Ein wundersamer Hase, welcher anno 1621 nahe bei der vornehmen Stadt Ulm im Garten von Erasmus Geutschen gefangen wurde, hatte einen zweifachen Leib, acht Füsse, vier Ohren und ein doppeltes Gesicht, hinten und vorne, oder unten und oben, so wie man den Janus abzubilden pflegt.
Man erzählt von diesem Hasen, dass wenn er auf den einen vier Füssen müde geworden ist, er sich herumgeworfen habe, und dann auf den anderen vier Füssen, die noch frisch und ausgeruht waren, mit neuen Kräften davongelaufen sei.»

Ein ähnliches Hasenmonstrum sei bereits 1583 im Saargebiet und eine dritte doppelleibige Hasen-Missgeburt 1650 in Sachsen (mit sieben Füssen und die Bäuche gegeneinandergekehrt) gesehen worden.

Doppelköpfige Kälber sind keineswegs so selten, wie man das meinen könnte. Ausser diesem in der Gegend von Nürnberg im Jahre 1740 geborenen «Bicephalus» sind noch Präparate respek-

tive Schädelknochen von doppelköpfigen Kälbern aus dem schweizerischen Kanton Baselland (aus Bubendorf und Sissach) bekannt. Im Jahre 1950 kam in der Gascogne ein zweigeschlechtliches Doppelkalb zur Welt. Es konnte nur eine speziell zubereitete Milchnahrung zu sich nehmen. Ein Impresario hat es dann für viel Geld erworben und als «Oscar» an einen französischen Zirkus weiterverkauft. Im gleichen Jahr wurde auch in Dänemark ein Zweikopfkalb geboren, das sich später problemlos selbst ernähren konnte. Trotz lukrativen Angeboten weigerte sich sein Besitzer, das Tier zu Schauzwecken zu verkaufen.

Monstra lassen sich einteilen in Monstra per excessum und Monstra per defectum; bei den ersten sind die Teile quantitativ oder der Zahl nach grösser, als sie sein sollten, bei den andern, viel häufigern sind sie kleiner oder fehlen ganz. Bei Hemmungsbildungen finden sich die Organe vor, aber in einer Gestalt, die in einer weit frühern Periode ihrer Entwicklung die normale ist. Neuere Autoren suchen alle Missbildungen auf Hemmungen in der Entwicklung zurückzuführen, namentlich auch diejenigen, die früher als dritte Hauptgruppe, als Monstra per fabricam alienam, aufgeführt wurden. Diese Frage ist noch nicht abgeschlossen, jedenfalls aber für eine Reihe von Verdoppelungen einzelner Organe (Uterus und Scheide) oder Organteile (Herzklappen, Iris oder Regenbogenhaut) erwiesen. Alle Beschreibungen und Abbildungen von wunderbaren menschlichen Missgeburten (per fabricam alienam) mit Tierköpfen oder dergleichen, an denen die Teratologie der frühern Jahrhunderte reich ist, sind als Phantasiegespinste entlarvt worden.»

Der Schweizer Schafzüchter Alfons Malchberger versuchte mit der Zucht von dreiköpfigen Lämmern die Fleischerzeugung zu steigern. Wenn drei Mäuler einen Leib füttern, so sagte er sich, setzen solche Schafe mehr Fett an und können früher geschlachtet werden. «Doch die Natur folgte dieser simplen menschlichen Logik nicht. Die Tiere frassen mehr, kötteltẹn aber auch mehr und wuchsen überhaupt nicht schneller. Verärgert liess Malchberger», so behauptet Uwe Gruhle in seinem Lexikon der Niederlagen, «die Spezialzüchtung wieder aussterben.»

«Das neue Universum» präsentierte 1890 «die zoologische Abnormität» eines sogenannten «Zwillingshundes», verriet dann aber schnell, dass es sich dabei lediglich um eine photographische Spielerei handelte.

Genau betrachtet handelt es sich bei diesem dreifachen Hasen um keine zoologische Seltenheit. Die legendären «trois lapins» am Hause des Kardinals Jouffroy in Luxeuil-les-Bains sind lediglich eine Bauzierde. Der Bildhauer hat es jedoch verstanden, ein kleines Vexierbild in dieses Hasentrio hinein zu geheimnissen: Jedes einzelne Tier hat zwar die obligaten zwei Ohren – zusammen aber sind es anstatt sechs doch nur deren drei ...

Quellen:

«Wunder, Wundergeburt und Wundergestalt», von Eugen Holländer
Verlag Ferdinand Enke, Stuttgart, 1921

«Doppelköpfiges Kalb – eine seltene Laune der Natur», von Dominik Wunderlin
«Volksstimme», Sissach (Baselland), Nr. 30 vom 9. März 1984

«Illustrirte Zeitung» Nr. 2696 vom 2. März 1895 (Perrückengehörn)

«Illustrirte Zeitung» Nr. 1983 vom 2. Juli 1881 (Vierfuss-Huhn)

«Grösste Denkwürdigkeiten der Welt», von Eberhard Werner Happel
Verlag Rütten & Loening, Berlin, 1990 (Hasen-Missgeburt)

Hasenpostkarte des Verlags «Au Souvenir», Luxeuil (Frankreich)

«Meyers Grosses Konversationslexikon», 6. Auflage, Band 13, Seiten 897/98
Bibliographisches Institut, Leipzig, 1907 (Missbildung)

«Das neue Lexikon der Niederlagen», von Uwe Gruhle
Goldmann Verlag, München, 1986 (Dreikopfschaf)

«Das neue Universum», Band 27/1890, Seite 383 (Falscher Doppelhund)

Mister Haulcauld in Rockland im amerikanischen Bundesstaat Massachusetts staunte nicht schlecht, als er eines Morgens in seinen Hühnerstall trat: Vor ihm watschelte ein vierfüssiges Hühnchen, das eben frisch aus einem etwas grösseren Ei, als sie sonst von seiner Mutter gelegt worden waren, ausgekrochen war. «Das Bild stellt ein Huhn mit vier vollkommen ausgebildeten Beinen dar», heisst es in einem Zeitungsbericht vom Sommer 1881, «es soll sehr possierlich aussehen, wenn das ungemein lebhafte Tierchen auf allen Vieren daherkommt und mit vier Beinen anstatt mit zwei den Sand aufscharrt ...»

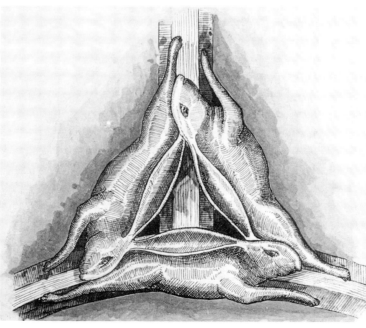

Die rosigen Rüssler schlagen zu

Die humoristisch-gastronomische Gesellschaft «Les Agathopèdes» war begriffsmässig eine Gruppe fröhlicher Brüder und Schwestern. Diese «Bon enfant – Bonvivant»-Sozietät lebte nach der Devise «Amis comme Cochons» und hatte neben ausgedehnten Schmausereien viel Spass an Wortspielen (Annulaire statt Annuaire und «Saucial» statt «Social»). Am 29. September 1846 starteten die Agathopèdes einen neuen Kalender mit 12 Menstrues: Raisinaire, Huîtrimaire, Levreaumaire, Crêpose, Truffose, Boudinal, Canardinal, Fraisinal, Petitpoisidor, Cerisidor, Melonidor und – womit wir beim Thema wären – Jambonose. Das Titelbild des «Annulaire» von Louis Huart (ganz im Stile von Grandville) zeigt ein bekränztes Schwein mit Serviette und Besteck, das lüstern auf die beiden rosige Ferkel hätschelnden jungen Damen blickt.

In Jaroslav Hašeks «Abenteuer des braven Soldaten Schwejk», fischt der von Russen gefangene, hungernde österreichische Infanterist einem Schwein Bohnen und Erdäpfel aus dem Trog: «‹Du hast's gut, Kamerad. Du wirst erst wissen, was arg ist, bis man bei euch Schweinen anfangen wird, Krieg zu führen, und euer König, irgendein Eber, dich ins Kriegsgetümmel schicken wird. No, das wird nicht so bald geschehn, dass die Schweine in einem Dorf so blöd sein wern und auf die Schweine eines anderen Dorfes losgehn...› Das Schwein grunzte, gleichsam zur Zustimmung. ‹Also›, sagte Schwejk, ‹ich dank dir gehorsamst, Bruder Schwein!›»

Lang ist die Liste jener Autoren, die ihre literarischen Produkte mit schweinischen Titeln garnierten: Mykolas Sluckis («Ode an ein Schwein»), Adolfo Bioy Casares («Der Schweinekrieg»), Russell Hoban («Das Marzipanschwein»), «Bibulus» («Vom Schwein, dem edlen Borstentier»), Michael Ryba («Das Schwein in der Kunst»), David Forrest («Cochon vole»), Bettina Anrich-Wölfel («Superschwein»), Karl August Groskreutz («Die Sau des Salomo») undsoschweinder...

*

In Schlesien durfte anno 1913 der Vater einer 14köpfigen Familie seinen Familiennamen «Schweinkerl» in «Schweikerl» ändern lassen.

*

Bei den alten Germanen stand das Schwein in hohem Rang und Würden. Der Eber war Freyr, dem Gott des Ackerbaus, heilig und die Sau seiner Gattin Freya. Der Eber hatte «goldene» Borsten und hiess deshalb «Gullibursti», die Sau aber wurde «Hildisvini», «heiliges Schwein», benannt.

*

Der österreichische Dichter und Jesuitenpater Aloys Blumauer (1755–1798) verfasste eine «Ode an das Schwein»:

«Heil dir, geborstetes, ewig geworstetes,
Dutzend-geborenes, niemals geschorenes,
Liebliches Schwein!

Krummhakenbaumelnd, Mistpfützentaumelnd,
Grunzen erzeugend, Ferkelchen säugend
Bist du, o Schwein!

Dichter begeisterst du, Eicheln bemeisterst du,
Unrat verzehrest du, Christen ernährest du,
Gütiges Schwein!

Heil dir drum, ewiges, immerfort schäbiges,
Niemals gereinigtes, vierfach gebeinigtes,
Liebliches Schwein!

Heil, Heil! und dreifach Heil!
Dem Schwein und seinem Hinterteil!»

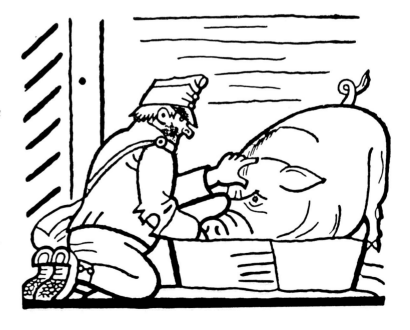

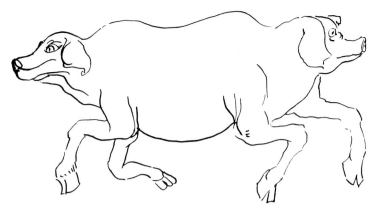

Ping Feng, das chinesische Doppelschwein, gilt in Asien als besonderer Glücksbringer.

In Deutschland wurde diese Kitschpostkarte von 1902 mit «Schweine-Kavallerie», in England als «Piggy-back» bezeichnet.

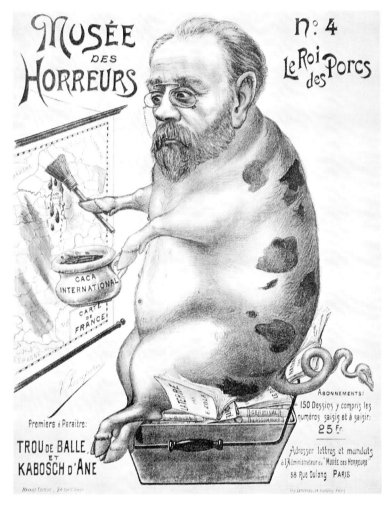

Mit seinem berühmten «J'accuse!»-Artikel (einem offenen Brief an den Präsidenten der Republik, Félix Faure) hatte der Schriftsteller Emile Zola am 13. Januar 1898 eine Revision des Dreyfus-Prozesses von 1894 verlangt. Sofort stürzten sich seine Gegner auf den «Helden der Pornographie» und beschuldigten ihn im «Musée des Horreurs», er sei ein «König der Schweine», der das edle Frankreich mit dem «Caca international» besudle. Erst 1906, vier Jahre nach Zolas Tod, wird der Schriftsteller rehabilitiert, als der Kassationshof die Verurteilung von Dreyfus als Landesverräter annulliert. Das unschuldige Opfer wird zum Major und Ritter der Ehrenlegion befördert.

Unsere (glitzernde) Dankes-Postkarte von 1905 («Liebe Freunde helfen einer verwaisten Künstlerin!») zeigt ein Glücksschweinemädchen im Goldregen.

Bei den heiligen Antoniussen gibt es Unterschiede. Uns interessiert hier weder der heilige Antonius Maria Claret, noch der heilige Antonius Maria Zaccaria und auch nicht der heilige Antonius von Padua, der für verlorene Gegenstände zuständig ist, sondern der «Swienetüns» (Westfalen), der «Fakentoni» (Tirol) respektive der «Säutoni» (Schweiz).
Antonius der Einsiedler lebte zwischen etwa 251 und ca. 356 nach Christus. Der Schutzpatron der Schweine wurde also etwa 105 Jahre alt.
Nach ihm nennen die Botaniker das Schweinskraut (Waldweidenröschen = Epilobium angustifolium) auch Antoniuskraut. Sollte dieser Hauptschweineheilige (sein Namenstag ist der 17. Januar) nicht erreichbar sein, so wären (von ihren Attributen her) auch die heiligen Blasius, Leonhard und Wendelin ersatzweise für Anliegen in Zusammenhang mit Schweinen zuständig …

*

Selbstverständlich spielen Schweine auch im Aberglauben eine Rolle: Wenn man vor Antritt einer Reise Schweinen begegnet, sollte man lieber wieder umkehren. Von Schweinen träumen hingegen verheisst «Sauglück».
Als Eheorakel galt früher das sogenannte Schweinestallhorchen. Dazu musste in der Weihnachtsnacht das neugierige Mädchen an der Stalltür anklopfen. Antwortete grunzend ein grosses Schwein, war ein älterer Mann oder ein Witwer als Bräutigam zu erwarten, grunzte jedoch ein Ferkel, war der Zukünftige ein junger Mann.
Antwortete hingegen kein Schwein, so bedeutete das für die Fragerin ein weiteres Ledigenjahr.

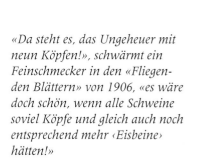

Ein dressiertes Schwein trat um 1880 bei Hagenbeck als «Schaukeltier» auf.

«Da steht es, das Ungeheuer mit neun Köpfen!», schwärmt ein Feinschmecker in den «Fliegenden Blättern» von 1906, «es wäre doch schön, wenn alle Schweine soviel Köpfe und gleich auch noch entsprechend mehr ‹Eisbeine› hätten!»

Aus der Sammlung nostalgischer Schweinereien in Form von Poesie-alben-Vignetten (Oblaten) präsentieren wir eine fröhlich-beschwingte Schweinefest-Collage.

Als Pendant zum geflügelten Pferd, dem Pegasus, hat David Forrest für seinen Roman «Cochon vole» ein geflügeltes Schwein als Titelbild gewählt.

Analog zum «Hau den Lukas!» war auf französischen Jahrmärkten um 1930 ein Kraftschwein zu sehen. Wenn man die beiden Hebel mit der nötigen Intensität betätigte, wurde Elektrizität produziert, die bei genügender Dosierung die Augen der Sau zum Leuchten brachte.

Das französische Postkartenschwein grunzt uns einen Wortwitz, an dem Gilbert Bécaud wohl weniger Freude hat.

Wer entzaubert hier wohl wen? – die Schmetterlingsflügelelfe das rosige Schweinchen oder umgekehrt?

Wo ist das fünfte Schwein?

Die Suche nach dem fünften Schwein ist nur möglich, wenn Sie, findige Leserinnen und Leser, dieses Vierschweinebild fotokopieren und dann die Waagrechte zur Senkrechten machen. Durch geschicktes Falten des Blattes schält sich eine ebenso prominente wie berüchtigte Figur des Zweiten Weltkrieges heraus ...

Wo ist das fünfte Schwein?

**In Irland glaubt man, dass Schweine den Wind sehen können. Wenn man auf der Grünen Insel eine Sau mit einem Strohhalm in der Schnauze erblickt, soll es ein Gewitter geben.
Im Elsass befürchtet man ein Unglück, wenn man frühmorgens Schweine antrifft. Eine einzelne Sau allerdings wird als Glückszeichen interpretiert.
Auf einem französischen Schiff soll man nie das Wort «Cochon» aussprechen ...**

**Als uralte, «probate» Schweinerezepte (aus Zedlers Universal-Lexikon von 1743) gelten sehr kuriose Wundermittel. Aber halt! Dies sind keine Heilmittel – und fragen Sie auch nicht Ihren Arzt oder Apotheker, da er diese Präparate ganz bestimmt nicht empfiehlt:
«Schweinekot frisch in die Nase gerieben, vertreibt die Colica.»
«Schweinekoth gedörrt und mit Essig getrunken, vertreibet das Achselweh.»
«Schweinehirn, den Kindern an den Gaumen gerieben, befördert das Ausbrechen der Zähne.»**

Das traurige Schwein.

Das verschmitzte Schwein.

Das fröhliche Schwein.

Das rücksichtsvolle Schwein.

Das zornige Schwein.

Das gemüthliche Schwein.

Das zärtliche Schwein.

Das sentimentale Schwein.

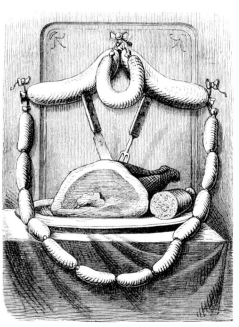
Das verklärte Schwein.

Die Schweineschnauzengesellschaft von South Carolina hat rund 500 Mitglieder. Beim jährlichen Schweineball wird auch ein Wettbewerb im Schweineküssen veranstaltet. Die Schweineschnauzer haben übrigens den 1. Mai in den Vereinigten Staaten zum «National Pig Day» erklärt.

*

In Biarritz wurde 1987 ein Lehrer Meister im Schweinegrunzen. Er distanzierte seine 13 Mitbewerber bei weitem und holte sich in der Disziplin «Grunzen des Ebers beim Bespringen der Sau» eine Spitzennote.

*

In seinem Metzelsuppenlied hat Ludwig Uhland auch das Schwein besungen:
«Ihr Freunde, tadle keiner mich
Dass ich von Schweinen singe!
Es knüpfen Kraftgedanken sich
Oft an geringe Dinge.
Ihr kennet jenes alte Wort,
Ihr wisst: es findet hier und dort
Ein Schwein auch eine Perle.»

*

Der Schrei eines Schweines ist so durchdringend und schrill, dass er 115 Dezibel erreicht – ein startendes «Concorde»-Düsenflugzeug kommt hingegen nur auf 112 Dezibel ...

*

Der Wiener Pfarrer Abraham a Santa Clara verglich in einer seiner aggressiven Schimpf-Predigten faule Menschen mit faulen Schweinen:
«Pfui Teufel! Pfui Faulentzer! Alle beede verdienen das Pfui – seind auch meistens beieinander. Kein Thier ist dem Faulentzen also ergeben, wie die Schwein, denn ihr gantzes Leben bestehet nur in Fressen, Naschen, Liegen, Schnarchen, Gronen, etc. Andere Leuth haben nur einen Teuffel, die Faulentzer aber eine ganze Legion!»

*

Eine dänische Sau warf am 25. Juni 1964 34 Ferkel, nachdem bereits im Februar 1955 eine Wessex-Sau in der englischen Grafschaft Kent ebenfalls 34 Ferkel geworfen hatte. Ein Züchter in Gloucestershire kam da mit nur 32 kleinen Schweinchen aufs mal nicht mehr in die Guiness-Ränge.

*

Konrad Gesner erzählte um 1550 jene Schweinegeschichte genauer, die schon Plinius der Ältere um 50 n.Chr. mit einem einzigen Satze angedeutet hatte:
«Man weiss, dass von Seeräubern gestohlene Schweine vom Ufer her die Stimme ihrer Herren erkannten, sich dann auf die eine Seite des Schiffes drängten, es umwarfen und so zurückkamen.»
Gesner präzisiert: «Als einstmals ein Schiff voll See-Räuber an dem Tyrrhenischen Meere an Land stiegen, des Vorsatzes, einen guten Raub zu holen, stahlen sie in der Nähe den Schweinshirten auch viel Schweine auss den Ställen, trieben dieselben in das Schiff und fuhren eylends davon. Sobald die Räuber etwas weit vom Lande waren, huben die Hirten an, ihrem Gebrauche nach, den Schweinen, wie die es gewohnt waren, zu locken, worauf diese, sobald sie ihrer Hirten Stimme hörten, sich allzumahl auff die eine Seyte des Schiffs gegen die Hirten begaben, und damit das Schiff überwugen, sodass selbiges mitsampt den Räubern zu Grunde gieng, die Schweine aber herauss schwammen, und wiederum zu ihren Hirten gelangten.»

*Am 19. April 1499 verurteilte der Abt des Klosters Josaphat in Sèves bei Chartres ein Schwein zum Tode des Erhängens, weil es ein anderthalbjähriges Kind der Familie Gilon getötet haben sollte.
(Angriffe von Schweinen auf Kinder in der Wiege ereigneten sich relativ häufig und führten bis an die Schwelle des 18. Jahrhunderts zu hochnotpeinlichen Verfahren gegen den «Attentäter». Manchmal hatte ausser diesem noch die ganze Herde, zu der er gehörte, die Todesstrafe zu erleiden. Bereits im Jahre 1386 hatte eine Sau einem kleinen Kind das Gesicht zerfleischt. Sie wurde zum Tode verurteilt und vor allem Volke hingerichtet. Dieses Ereignis ist in einem Freskogemälde in der Dreifaltigkeitskirche von Falaise im Departement Calvados für die Nachwelt festgehalten. Man sieht dort, wie der Henker unter Aufsicht des Richters der Sau die Schlinge um den Hals legt.)*

Das im September 1921 herausgegebene (inflationsbedingte) Notgeld für den Kreis Diepholz zeigt auch «Schweinisches». Die Beamten versuchten, mit den 8×6 cm kleinen Ersatzgeldscheinen nebenbei doch ein bisschen Werbung für die regionale Schweinezucht zu treiben.

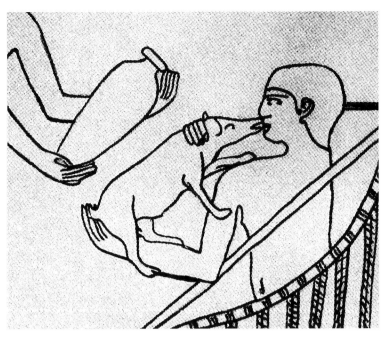

Ferkel bei den alten Ägyptern hatten es schön! Auf dieser Wandzeichnung im Grab des Kagemni in Sakkara (um 2250 v.Chr.) bemerkt man mit Staunen, dass ein Schweinehirt dem rosigen Säu(g)ling vorgekaute Nahrung von Mund zu Rüssel verfüttert.

 zhū

Das (neue) chinesische Schriftzeichen für Schwein (zhu) gilt auch für eines der zwölf chinesischen Tierzeichen: Schweine, geboren 1911, 1923, 1935, 1947, 1959, 1971, 1983 und 1995 sind ritterlich, galant, hilfsbereit, gewissenhaft und ehrlich, fröhliche Gesellschafter, jedoch zuweilen ein bisschen naiv. Ein richtiges Schweinejubeljahr erleben die in diesem Zeichen Geborenen allerdings erst wieder im Jahre 2007.

Im Pariser Musée de Cluny zeigt man eine Chorstuhl-Schnitzerei aus dem 15. Jahrhundert mit diesem orgelspielenden Schweine-Pater. Das eigenartige Kunstwerk stammt aus der Kirche Saint-Lucien in Beauvais.

Im Märchen vom Blauen Vogel erscheint ein Ritter im Schloss, der die hübsche Florine beleidigt. Sofort verwandeln ihn Zauberer und Fee in ein Schweinchen. «Unter lautem Gegrunze flieht es aus dem Saal …»

Als Odysseus auf seiner Irrfahrt zur Insel Aia kam, verwandelte die schöne und böse Zauberin Circe 23 Begleiter des Helden mit ihrem Zauberstab in menschliche Schweine. Da Hermes, der Götterbote, dem Odysseus ein Gegenmittel geschenkt hatte, wirkte die Verschweinerei bei ihm nicht; im Gegenteil gelang es ihm, die Zauberin zu bezirzen (von ihr stammt ja auch der Begriff …). «Sie warf sich ihm zu Füssen und lud ihn zu Lager und Liebe ein.»

Licetus präsentierte 1668 in seinem Monsterbuch die Wundergeburt eines Schweines mit Menschenkopf.

«Allen Kippern und Geizhälsen zum Exempel» erzählt das «Fliegende Blatt» aus dem Jahre 1701 die Schauermär von dem in ein Schwein verwandelten polnischen Edelmann. Versuchen Sie doch, den moralträchtigen Text zu lesen!
Zweck der Wunderstory: Klerus und weltliche Obrigkeit erhofften sich von Helgen und Text eine preisregulierende Wirkung, das heisst, eine Senkung der Kornpreise bei guter Ernte.

In der «Wickiana»-Sammlung der Zürcher Zentralbibliothek (im 8. Band, Seite 118) zeigt das «Cyprusschwein» einen Menschenkopf mit einem (im Original) flammendrot gezeichneten Geschwür (Naevus) von der Stirn bis zum Nasenrücken: «Am 12. Dezembris im 1569 iar ist dieses Monstrum zu Nicosia, welches eine furnehme Statt in Cypro, geboren. Hat ein lyb ghan, wie ein schwyn, bloss ohne haar, ein angesicht wie ein mensch, hat auch zwey oren wie ein mensch, und ist dises Monstrum mit vier anderen Tieren geboren worden, die sunst rechte schwyn gewäsen an denen kein Mangel noch fäl…»
Man vermutet, dass diese Cyprus-Missgeburt erfunden worden ist, um die drohende Türkengefahr anzukündigen. Tatsächlich sind dann 1570 bei der Eroberung Zyperns 20 000 Christen niedergehauen, 2000 zu Sklaven gemacht worden.

In ihren «Memoiren einer Schweinezüchterin» schwärmt Cora Stephan: «Ich liebe Schweine. Sie sind ideale Hausgenossen. Sie durchstöbern die Mischwälder nach Eicheln, Eckern, Kastanien und Pilzen. Sie fressen Würmer, Engerlinge, Insektenlarven und erlegen schon mal Mäuse oder andere Nager. Sie stellen ihre prächtige Nase in den Dienst der Trüffelsuche, lassen sich als Rauschgiftspürschwein und sogar als Jagdsau mit Vorstehqualitäten ausbilden. Sie sind klug wie Delphine, zart und ausdauernd in der Liebe und sensibel genug, um es nicht mit jedem oder jeder zu treiben. Sie sind verspielt und genusssüchtig, frech und anhänglich, gute Läufer, ausgezeichnete Schwimmer und wären des Menschen bester Freund, erschräke dieser nicht vor seiner Ähnlichkeit mit dem sprachgewandten Borstentier. Es wäre nicht das erste

Mal, dass Ähnlichkeit zu erbitterter Feindschaft geführt hätte.

Mir hingegen sind sie eine Augenweide, diese trippelnden, zartbesaiteten, trickreichen Kolosse, hell oder gescheckt, mit Hängeöhrchen oder aufgestellten Segelohren, ich kenne nach all den Jahren ihre ausgefeilte Sprache für die unterschiedlichsten Anlässe, vom wohligen Grunzen bis zum zickigen ‹Geh mir von der Borste!›»

*

Christian Morgenstern bittet uns in seinen «Galgenliedern» zum Tanz mit dem Vierviertelschwein und der Auftakteule:

Zwischen 1820 und 1837 traten in London etliche «pig-faced Ladies» auf: Die am 6. Februar 1794 geborene «Dame irlandaise» (links), die etwas jüngere «Miss Piggy», die sich am Manchester-Square anno 1815 zeigte (Mitte) und «The Wonderful Miss Atkinson», die, wie man munkelte, aus einem silbernen Trog fresse und nur Grunzlaute hören lasse, wenn man sie etwas frage (rechts).

«Ein Vierviertelschwein und eine Auftakteule
trafen sich im Schatten einer Säule,
die im Geiste ihres Schöpfers stand.
Und zum Spiel der Fiedelbogenpflanze
reichten sich die zwei zum Tanze
Fuss und Hand.

Und auf seinen dreien rosa Beinen
hüpfte das Vierviertelschwein graziös,
und die Auftakteul' auf ihrem einen
wiegte rhythmisch ihr Gekrös.
Und der Schatten fiel,
und der Pflanze Spiel
klang verwirrend melodiös.

Doch des Schöpfers Hirn war nicht von Eisen,
und die Säule schwand, wie sie gekommen war;
und so musste denn auch unser Paar
wieder in sein Nichts zurück reisen.
Einen letzten Strich tat der Geigerich –
und dann war nichts weiter zu beweisen.»

«Dieses abscheuliche Monstrum», verkündet das Flugblatt von 1717, «befindet sich auf ihrem Schloss. Solle von hohem Adel seyn und bis 100 000 Gulden reich. Sie verlangt sich mit ganzer Gewalt zu verheurathen und ihrem erwarteten Liebsten nach wohl abgelegter Prob gleich die Helffte obigen Vermögens zu überlassen. Nun haben sich wahrhaftig schon einige eingefunden, um sie zu umarmen. Als sie aber dieses Ungeheuer gesehen und auch überdies auf säuische Art reden gehört, seynd sie eyligst zurückgegangen und haben dieselbe verlassen.»

Adalbert von Chamisso (1781–1838), der Verfasser des «Peter Schlemihl», war nicht nur Dichter, sondern auch ein begeisterter Reisender seiner Zeit. Der ehemalige Page der Königin Louise von Preussen nahm in den Jahren 1815 bis 1818 als Botaniker und Zoologe auf dem Schiff «Rurik» an der Weltumseglung des russischen Grafen Romanzoff teil.

In «Die Geschichte einer Sau» schildert er uns eine Nebenepisode dieser Expedition:

«Zu Kronstadt waren junge Schweine von sehr kleiner Art für den Tisch der Offiziere eingeschifft worden. Die Matrosen hatten denselben scherzweise ihre eigenen Namen gegeben. Nun traf das blinde Schicksal bald den einen, bald den anderen, und wie die Gefährten des Odysseus, so sahen sich die Mannen im Bilde ihrer tierischen Namensverwandten nacheinander schlachten und verzehren. Ein einziges Paar kam über die afrikanischen Inseln und Brasilien, um das Kap Horn nach Chile, darunter die kleine Sau, die den Namen ‹Schaffecha› führte und bestimmt war, ihren Paten an Bord des ‹Rurik› zu überleben.

‹Schaffecha›, die Sau, die zu Talcaguano ans Land gesetzt worden war, wurde wieder eingeschifft, durchsegelte mit uns Polynesien, kam nach Kamtschatka und warf dort in Asien ihre Erstlinge, die sie in Südamerika empfangen hatte. Die Jungen wurden gegessen; sie selbst schiffte mit uns weiter nach Norden. Sie erfreute sich zur Zeit des Gastrechtes, und es war nicht mehr daran zu denken, dass sie geschlachtet werden könne, es sei denn bei eintretender Hungersnot, wo am Ende die Menschen einander aufessen. Aber unsere ehrgeizigen Matrosen, auf die Ehre eines Weltumseglers eifersüchtig, murrten bereits, dass eine Sau desselben Ruhmes und Namens wie sie teilhaftig werden sollte, und das Missvergnügen wuchs bedrohlicher mit der Zeit. So standen die Sachen, als der ‹Rurik› in den Hafen von San Francisco einlief. Hier wurden Ränke gegen ‹Schaffecha›, die Sau, geschmiedet. Sie wurde angeklagt, den Hund des Kapitäns angefallen zu haben, und demnach ungehört verurteilt und geschlachtet.

Sie, die alle fünf Weltteile gesehen, wurde in Nordamerika, mitten im waltenden Gottesfrieden des Hafens, geschlachtet – ein Opfer der missgünstigen Nebenbuhlerschaft der Menschen.»

*

Thronfolger Erzherzog Franz Ferdinand von Österreich – derselbe, der 1917 in Sarajewo mit seiner Gattin ermordet wurde – besuchte um 1912 eine moderne Wiener Kunstausstellung der von der «Secessionsgruppe» noch einmal abgespaltenen Malervereinigung «Der Hagenbund». Seine Kaiserliche Hoheit war überhaupt nicht begeistert, runzelte wiederholt die Stirn und räusperte sich negativ. Schliesslich konnte sich der Erzherzog nicht länger zurückhalten und sagte laut und deutlich: «Schweinerei!» Und dann nochmals beim Verlassen der Ausstellung mit Kommandostimme: «Schweinerei!!!»

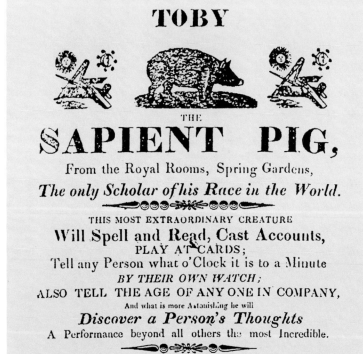

Ob Toby, das kluge Schwein, tatsächlich die Werke Plutarchs in seinem Trog studierte, darf bezweifelt werden. In der Schweine-Dressurschule lernte er jedenfalls (so verrät uns der Show-King «Lord» George Sanger in seinen Memoiren) auf diskrete Handzeichen und Schnalzer seines Herrn zu achten, wenn er dem Publikum seine Kartenkunststücke vorführte. Toby, «the sapient Pig» wurde in dieser (etwa) aus dem Jahre 1871 stammenden Ankündigung in jeder Beziehung als Wunder gerühmt: «He is in Colour the most beautiful of his Race, in Symmetry the most perfect, in Temper the most docile …»

Mit einem Rudel Schweinchen, mit Hufeisen, Glückspilz und Kaminfeger wünschte man sich vor 70 Jahren ein gutes neues Jahr. Und wenn man ganz genau hinsieht: Die kleinen Grunzer weiden natürlich in vierblättrigem Glücksklee!

In Basel weideten noch Anfang des 19. Jahrhunderts nicht nur Hühner und Gänse im Bachbett des Birsig-Flusses, sondern auch Schweine. In den Basler Archiven ist immer wieder die Rede von den «Insalubritäten», die sich aus den kloakenartigen Zuständen am mitten durch die Innenstadt fliessenden Gewässer ergaben.

Die Anwohner allerdings hatten nur eine Sorge: Wie unterscheiden wir die Merian- von den Sarasin- und Burckhardt-Schweinen? Schliesslich griff man zu Pinsel und Farbe und markierte die Haustiere grün, gelb, rot, blau und violett – je nach Familie.

Diese kaleidoskopartigen Hinterhauszustände fanden erst ihr Ende, als in der grossen Choleraepidemie von 1856 Hunderte von Baslern und Baslerinnen starben. Bald danach sind die farbigen Schweine im Birsig schnell verschwunden ...

Quellen:

«Edwardian Pigs», von Jilliana Ranicar-Breese
Cameo Editions, Swindon/England, 1933 (Kitschpostkarten)

«Fliegende Blätter» Nr. 3173, 1906/Band 1, Seite 238 (Neunköpfiges Schwein)

Oblatensammlung Hans A. Jenny, Tecknau/BL (Schweiz) (Schweine-Poesialben-Bildchen)

«Vergnügte Tiere», von Hans Ostwald
Verlag Paul Franke, Berlin, 1928 (Ode an das Schwein)

«Die Abenteuer des braven Soldaten Schwejk», von Jaroslav Hašek, Band 2 (weitererzählt von Karel Vanek)
Verlag Büchergilde Gutenberg, Zürich, 1949 (Schwejk und das Schwein)

«Il Dizionario Illustrato dei Mostri», von Massimo Izzi
Gremese Editore, Roma, 1989 (Doppelköpfiges Schwein)

«Der Samstag» (Basel) Nr. 16 vom 14. Juni 1913 (Schweinekerl)

«Encyclopédie des Farces, Attrapes et Mystifications», von François Caradec und Noël Arnaud
Verlag Jean-Jacques Pauvert, Paris, 1964 («Agathopèdes»)

«Horror-Galerie» – Ein Bestiarium der Dritten Französischen Republik, von Ruth Malhotra
Verlag Harenberg, Dortmund, 1980 (Zola)

«Cochon vole» von David Forrest
Editions Stock, Paris, 1972 (Fliegendes Schwein)

«Das Buch der 1000 Wunder», von Artur Fürst und Alexander Moszkowski
Verlag Albert Langen, München, 1923 (Schweine-Prozess)

«Musée des Familles», Jahrgänge 1868–1870: Artikel «Les Bêtes criminelles au Moyen Age» (ab Seite 300) (Schweine-Prozess)

«Dictionnaire des Superstitions», von Sophie Lasne und André Pascal Gaultier
Verlag Tchou, Paris, 1980 (Schweine-Aberglaube)

«Herders Kleines Lexikon der Heiligen»
Verlag Herder, Freiburg, 1968 (Antonius der Einsiedler)

«Galgenlieder – nebst dem ‹Gingganz›», von Christian Morgenstern
Verlag von Bruno Cassirer, Berlin, 1923 (Tanz-Gedicht)

«Sterne – anekdotische Erzählungen aus sechs Jahrhunderten», von Carl Seelig
Steinberg Verlag, Zürich (ohne Datum), (Chamissos «Geschichte einer Sau»)

«Vom Schwein, dem edlen Borstentier», von Bibulus
Heimeran-Verlag (ohne Ortsangabe), 1963 («Gullibursti» und «Hildisvini», Gedicht Uhland)

«Circus», von F. K. Mathys
Kapitel: «Von der Kleintierdressur»
AT Verlag, Aarau, 1986 (Schweine-Dressur)

«Learned Pigs and Fireproof Women», von Ricky Jay
Verlag Robert Hale, London, 1986

«Wunder, Wundergeburt und Wundergestalt», von Eugen Holländer
Verlag Ferdinand Enke, Stuttgart, 1921

«Seventy Years a Showman», von «Lord» George Sanger
(Kapitel 22: «The School for ‹Learned Pigs›»
Kapitel 15: «The Great Hyde Park Fair»)
Verlag J.M. Dent & Sons Ltd., London, 1935

«Die Sau des Salomo», von Karl August Groskreutz
Verlag Wunderlich (ohne Ortsangabe), 1989

«Schwein haben», von Hans-Dieter Dannenberg
Gustav Fischer Verlag, Jena, 1990 (Chinesisches Schwein-Zeichen, Odysseus)

«Le Cochon», von Jacques Verroust, Michel Pastoureau und Raymond Buren
Editions Sang de la terre, Paris, 1987 (Odysseus, Orgel-Schwein)

Märchenbilderserie «L'oiseau bleu» des Warenhauses «Au bon Marché» in Paris, ca. 1905 (Verzauberung in ein Schwein)

«Missgeburt und Wundergestalten in Einblattdrucken und Handzeichnungen des 16. Jahrhunderts», von Albert Sonderegger
Verlag Orell Füssli, Zürich, 1927

«Chinesische Horoskope», von Paula Delsol (ab Seite 81: «Das Schwein, ein guter Kerl»)
Rowohlt Taschenbuch Verlag, Hamburg, 1980 (Chinesisches Schwein-Zeichen)

«Aus den Memoiren einer Schweinezüchterin», von Cora Stephan
Erschienen in «Die Rübe», Verlag Vincent Klink und Stephan Opitz, Zürich, 1988

«Österreich intim», von Bertha Zuckerkandl
Erschienen um 1920 («Schweinerei!»)

«Illustrirte Welt», 29. Jahrgang 1881/Seite 309
Deutsche Verlags-Anstalt, Stuttgart («Gemüts»-Parade)

Die «erschröcklichen»

Konrad Gesner stammte aus ärmlichsten Verhältnissen, war zeitlebens auf Stipendien und Pfründen angewiesen und erschwerte sich sein karges Leben noch selbst durch eine verfrühte Heirat mit erst 19 Jahren. Sein unermüdlicher Arbeitseifer machte ihn zum fleissigsten und beharrlichsten Zürcher Gelehrten seiner Epoche. Nach Studien in Strassburg, Bourges, Paris und Montpellier promovierte er 1541 in Basel zum Doktor der Medizin und wurde noch im gleichen Jahre in Zürich Professor. 1542 erschien in Zürich bei Christoph Froschauer Gesners «Catalogus Plantarum» mit lateinischen, griechischen, deutschen und französischen Bezeichnungen – der erste Versuch einer Konkordanz von Begriffen

Der «Forstteufel» soll 1531 im Bistum Salzburg gefangen genommen worden sein. Gesner nannte das Ungetüm so, «weil es den gemalten Teufeln nit ungleych sicht – eine erschrockenliche, bedeutliche wundergeburt».

«Es ist ein Ort in dem neuw erfunden Land», schreibt Gesner, «welches ein volck wonet, Patagones genannt. Dort wonet das Su. Das Su ist ser räubig und scheutzlich wie diese Gestalt ausweyst. So es von den Jegeren gejagt wird, nimpt es seyne Jungen auff seinen Ruggen, deckt sy mit seinem langen Schwantz und flieht also darvon ...»

«Der Vielfrass ist ein so merklich frässig Thier, dass es nit zu glauben ist. Es hat ein sonderlich gross Begierd und Lust ab dem Menschenfleisch, von welchem er sich so voll frisst, dass ihm seyn Leyb davon gespannen wirdt.» Zur Lösung seiner Verdauungsprobleme streife sich dann der Vielfrass einfach zwischen zwei Bäumen durch und presse so seinen Kot aus dem Bauche, um danach gleich wieder von neuem auf Menschenjagd zu gehen.

Zürcher «Meerwunder»

und Vorstellungen der Botanik in fünferlei Sprach- und Kulturgebieten.
Gesner war ein Kompendialwissenschafter. Er beherrschte die deutsche, französische, italienische, holländische, lateinische, griechische, hebräische und arabische Sprache. Seine 1545 veröffentlichte «Bibliotheca universalis» enthält auf 1264 Folioseiten ein alphabetisches Verzeichnis von rund 3000 Schriftstellern. Zur Dokumentation seiner botanischen und zoologischen Werke erforschte Gesner die Bergwelt, seinen eigenen Versuchsgarten und sogar als Taucher das Leben im Wasser.
Gesner war auch Dozent in Lausanne, Montpellier und Basel. Seine hervorragenden Verdienste als verglei-

Auch der «Bartwall» mit seiner stachligen Bartzierde gehört zu den Zürcher Monstern.

Und hier hätten wir den «Grabwall», eine Walfischvariante mit richtigen Hauern à la Wildschwein.

Der amerikanische Zeichner Rudolf Freund sah das von Gesner beschworene Su (Succarath) als wirre Kombination von vorderer Tigerhälfte, beschnauztem Bubikopf-Mannequin und vogelfedernbeschwänztem Löwenhinterteil. Die schon bei Gesners Darstellung auf dem Rücken des Su mitgeführten Kinder dieses durchaus terrestrischen Meerwunders sind hier zu richtigen Greuelfröschen verkommen.

Konrad Gesner behauptet, dass dieses teufelsartige Ungeheuer «in dem Illyrischen Meer unter Papst Eugenio» gefangen genommen wurde.

Wer weiss, ob der Gelehrte bei dieser siebenköpfigen Wasserhydra nicht ganz verschmitzt an Zürcher Ratsmitglieder dachte? Die «Hydra monstrosa» soll anno 1530 in Venedig ausgestellt worden sein.

Der «Meerbischof» wurde nach Gesner in Polen am Strand gefangen. Er wird «als gentzlich aller Zierde eines Bischoffs ähnlich» beschrieben.

Von diesem «Meermünch» sollen vier Exemplare von je vier Ellen Länge (also etwa 1,50 m gross) bei Norwegen, im Baltischen Meer, vier Meilen vor Kopenhagen und an der englischen Küste gefangen worden sein.

chender Sprachforscher und Lexikograph wurden von Kaiser Ferdinand I. 1564 durch Verleihung eines Adelstitels und Wappenbriefes gewürdigt. Vier Tiere zierten Gesners Wappen: Storch, Löwe, Adler und ein nicht näher identifizierbarer Monsterfisch.

Ganz offensichtlich übten unbekannte respektive noch nicht erforschte Wesen grosse Faszination auf Konrad (von) Gesner aus. So umfasste seine zwischen 1551 und 1558 publizierte «Historia Animalium» auch sehr fabulöse, nur dem Hörensagen nach beschriebene und dargestellte Wundertiere, die unter den Begriff der sogenannten «Meerwunder» fallen. Conrad Megenburg verzeichnet sie in einem ähnlichen Werk noch unter dem Namen «Mörwunder» als eigene zoologische Gattung zwischen dem Geflügel und den Fischen.

Gesners druckfertige Unterlagen zu einem Schlangenbuch wurden 1587, seine Notizen über Käfer und Schmetterlinge 1634 publiziert. Bereits in seinem letzten Lebensjahr erschien noch ein Buch über Fossilien.

In Zürich wohnte Gesner im Hause «Sonnenzeit» an der Frankengasse, wo der Gelehrte, als einer der allerersten kultivierenden Botaniker, seine Medizinalpflanzen im eigenen botanischen Garten hegte.

Im November 1565 erkrankte der erst 49jährige an der

Der Meerlöwe, so behauptet das Zürcher Monsterbuch, sei 1284 gefangen genommen worden. Er habe geheult wie ein Mensch und sei dann dem Papste Martin IV. gezeigt worden. Ob lebend oder tot, wird nicht erwähnt. Eines stimmt hier genau: Martin der Vierte war tatsächlich Papst zwischen 1281 und 1285. Vielleicht war der damalige Meerlöwe ein heutiger Seelöwe und sein menschenähnliches Geheul einfach naturgemässer Verständigungsschrei. Nur etwas stimmt dann nicht: die phantasievolle, so gar nicht einem maritimen Wesen entsprechende Darstellung dieses Meerwunders in Gesners «Thierbuch».

So sah er aus, der Schöpfer unserer Zürcher Meerwunder, der im ganzen Abendland berühmte Universalgelehrte Konrad Gesner, der bereits 1565 im Alter von erst 49 Jahren an der Pest starb. Seine ernsten, traurigen Augen kontrastieren mit der Phantasiefreudigkeit seiner Fabelwesen.

Ein ganz komisches Tier (sozusagen ein schlecht verstandener respektive ungenau beobachteter Seeelefant (Blasenrobbe = Cystophora Nilss.), aus der Familie der Seehunde (Phocidae).

«Der Rosmarus ist ein Meerthier oder Wallfisch, so gross als ein Helfant. Er steygt die Berg hinauf und weidet da Grass ab. Henckt sich mit seinen Zänen aus Begird zu schlaaffen an die velsen.»

Konrad Gesner spricht bei diesen Meerwundern von «etlichen grossen Balenen oder Braunfisch». Sie bedrohen ein Schiff und haben offenbar dem Segler schon so zugesetzt, dass einige Fässer der Ladung über Bord gefallen sind.

damals in Zürich grassierenden Beulenpest. Trotz grossen Beschwerden ordnete er noch in unermüdlicher Arbeit seinen wissenschaftlichen Nachlass und besprach mit seinen Schülern die Herausgabe weiterer Werke. In seinen letzten Stunden bereitete sich Gesner in Gesprächen mit dem Zwingli-Nachfolger Heinrich Bullinger intensiv aufs Sterben vor. Der vielseitige Zürcher, der sämtliche wissenschaftlichen Erkenntnisse des 16. Jahrhunderts in seiner Person und seinen Schriften vereinigte, starb am 13. Dezember 1565.

Gesner (in etlichen Quellen verzeichnet man ihn auch als «Gessner») hat mit

Der Cetacean, auch Physeter genannt, wird in englischen Kommentaren über Gesners Werke auch als «The Whirlpool» beschrieben: «A kind of Whale – very cruel.»

Gesners «Schweynwall», eine meerwunderliche Kombination von Sau und Walfisch, verfügte offenbar in der Phantasie des naturforschenden Künstlers über ein ganz besonderes «Augenmerk»: Wenn man das furchterregende Viech nämlich näher betrachtet, entdeckt man drei zusätzliche Augen zwischen den Schuppen.

Nicht aus Gesners «Historia Animalium», sondern vom «Briefmaler» Matthes Rauch stammt der in einem Nürnberger Flugblatt von 1599 vorgestellte «abscheuliche Aland-Fisch». Ganz offensichtlich jedoch ist auch dieses Unikum von den Zürcher «Mörwundern» von Konrad von Gesner «inspiriert» worden. Trotz der genauen Fundangabe im Titel der Postille ist der Aland-Fisch nur ein Vorwand für eine Moralpredigt. Allzu deutlich streckt ja die Hand Gottes die Zuchtrute aus dem symbolträchtigen Getier! (rechts)

seinen Werken ausserordentlich viel zur Popularisierung der Naturwissenschaften beigetragen, obwohl seine Darstellungen und Kommentare sehr oft der blühenden Phantasie allzu freien Lauf liessen. Aber wir «Nachgeborenen» sind ja bekanntlich in allem viel klüger als die «Alten»... Jedenfalls hat es dieses exquisite Original in seinem so kurzen Leben verstanden, die Imagination der Öffentlichkeit vor allem für zoologische Fragen nachhaltig zu «sensibilisieren». Gesners Folianten wurden weit über seinen Tod hinaus nach den ergötzlichen, «erschröcklichen Meerwundern» durchgeblättert.

Täglich hatten ihn die Eidgenossen jahrzehntelang vor Augen, den bärtigen Zürcher auf der alten, grünen Fünfzigernote. Links neben seinem Porträt wedelt das Su...

Quellen:

«Konrad Gessner als Gärtner», von Diethelm Fretz
Atlantis Verlag, Zürich, 1948

«Fabelwesen des Meeres», von Sonnfried Streicher
Robinson Verlag, Frankfurt am Main, 1984

«Schweizer Originale», Band 1, von Hans A. Jenny
Nebelspalter-Verlag, Rorschach, 1992

«Nebelspalter» Nr. 47 vom 21. November 1988

«Grosse Schweizer», herausgegeben von Martin Hürlimann
Atlantis-Verlag, Zürich, 1938

«Wo wohnte der Naturforscher Konrad Gessner?», von Paul Guyer
«Zürcher Woche» Nr. 3, 1973

«Leviathan – gejagt und konserviert», von Christoph Egger
«Neue Zürcher Zeitung» Nr. 16 vom 20./21. Januar 1990

«Curious Creatures in Zoology», von John Ashton
Verlag John C. Nimmo, London, 1890

«Wunder, Wundergeburt und Wundergestalt», von Eugen Holländer
Verlag Ferdinand Enke, Stuttgart, 1921

«Time»-Zeitschrift, ohne Angabe von Nr. und Datum («Su»-Tiger)

«Illustrirte Zeitung» Nr. 2525 vom 21. November 1891:
«Naturwissenschaft vor 300 Jahren», von G. Simmermacher

Automaten im Tierbauch

Wir Neuzeitler bilden uns auf unsere Computer und Roboter so viel ein, als wenn wir die technische Welt erst vorgestern entdeckt hätten. Dabei erfand Archytas von Tarent schon um 400 vor Christus eine fliegende hölzerne Taube, und Demetrius Phalereus überraschte seine Freunde mit einer kriechenden Kunst-Schnecke. Albertus Magnus, der legendäre Graf von Bollstädt, verfertigte um 1272 – also vor über 700 Jahren – einen äusserst kunstvollen, menschenähnlichen Automaten, der für ihn als Diener die Türe öffnete und eintretende Gäste höflich begrüsste.
Nur wenige Mechaniker sind heute noch in der Lage, die genialen Schöpfungen eines Pierre Jaquet-Droz (er baute um 1750 einen Schreiber-Automaten), eines Henri Louis Jaquet-Droz (er bastelte um 1780 «einen Automaten in der Gestalt eines klavierspielenden Mädchens, das nach geendigtem Spiel aufstand und die Gesellschaft begrüsste...») und eines Jean Baptiste Schwilgué (astronomisches Uhrwerk im Strassburger Münster) zu imitieren.
Die Technik als künstlerische Kulturform, als handwerklich-mechanisches Hilfsmittel zu nicht nur rein funktionellen, sondern auch menschlich gefälligen Wunderwerken ist heute vom kalten Renditedenken in die Hobbystuben verbannt worden – genau wie ihre holde Schwester, die Architektur, die früher noch zu den artistischen Talenten zählte und heute vorwiegend ein entpersönlichtes Stahl/Beton-Mischproblem geworden ist...

Aber lassen wir das Schelten über den Zerfall der Musen und konzentrieren wir uns auf ein paar köstliche Reminiszenzen kurios-nostalgischer Tier-Automatenkünste, die mehr als Worte zu beweisen vermögen, wie feinsinnig und phantasievoll die Androiden- und Tierkonstrukteure wäh-

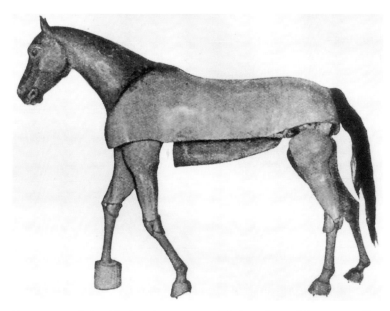

Das automatische Pferd trabte «anatomisch korrekt», nickte verständig mit dem Kopfe und bewegte sogar den Schweif. In seinem Bauche beherbergte es einen sinnreich konstruierten Aufzieh-Automaten, den man von Zeit zu Zeit ölen musste. Das ganze «Equus mechanicus» repräsentierte sozusagen 1 PS en miniature.

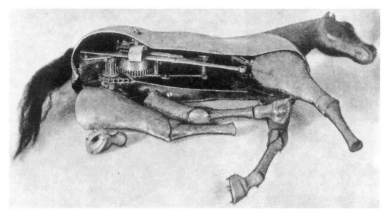

Während aus dem Wasserspeiermund ein friedliches Brünnlein plätschert, haut Herkules dem schrill pfeifenden Drachen seine Keule auf den Kopf. Sobald die Waffe auf dem Schädel des Ungeheuers landet, spuckt es dem Helden ins Gesicht. Die als «Théorème» (Lehrsatz) bezeichnete pneumatische Konstruktion stammt von Aleotti und wurde im 1647 in Bologna erschienenen Automatenbuch «Gli artificiosi» nach Hero Alexandrinus abgebildet.

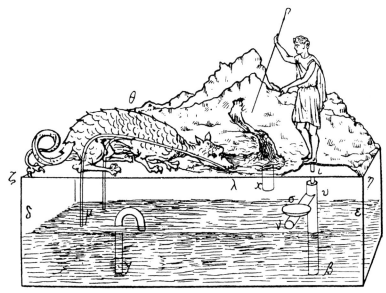

Philon von Byzanz (Verfasser der «Mechanica syntaxis» – um 250 vor Christus) entwarf ein zweites Drachenspielchen: Der arme Lindwurm konnte nur dann von der Quelle trinken, wenn sich der Hirte Paniscos von ihm abwendete. Dann allerdings schlürfte er das köstliche Nass «schnaufend und grunzend, wie wenn er stark aufgeregt wäre...»

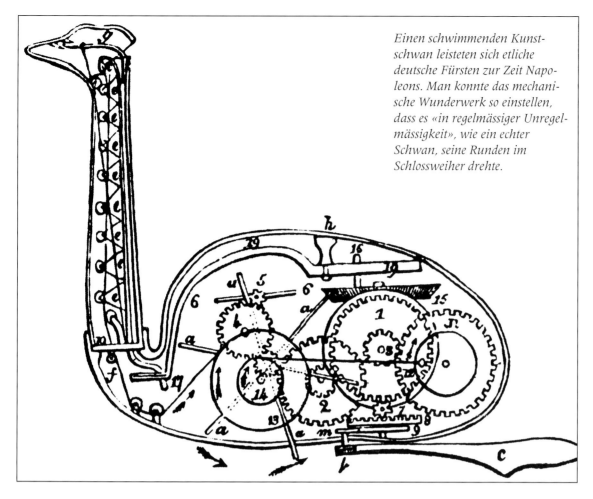

Einen schwimmenden Kunstschwan leisteten sich etliche deutsche Fürsten zur Zeit Napoleons. Man konnte das mechanische Wunderwerk so einstellen, dass es «in regelmässiger Unregelmässigkeit», wie ein echter Schwan, seine Runden im Schlossweiher drehte.

Vaucansons «Canard digérant», seine um 1735 gestaltete automatische Superente, watschelte, schnatterte, pickte Körner auf und zermalmte sie. Die «verdauende Ente» konnte auch Wasser schlürfen, ihren Hals nach allen Seiten kehren und schliesslich, in sinnvollem Abstand zur Nahrungsaufnahme, gab sie auch die entsprechenden Exkremente von sich.

Als der Zauberkünstler und Trickkonstrukteur Robert-Houdin 1845 in den Besitz dieser sensationellen Kunsttierschöpfung kam, stellte er allerdings fest, dass das «Endprodukt» bereits vorfabriziert im artifiziellen Darm des Unikums versteckt war.

Jacques de Vaucanson (1709–1782) war schon als Knabe erfinderisch. Als «Mechanikus» schuf er einen Flötenspieler, eine pfeifende Natter (für die Sterbeszene der ägyptischen Königin im Schauspiel «Cléopâtre» von Marmontel), einen Schachspieler und die berühmte künstliche Ente. Vaucanson perfektionierte auch Seidenwebstühle und konstruierte eine hydraulische Maschine zur Wasserversorgung der Stadt Lyon.

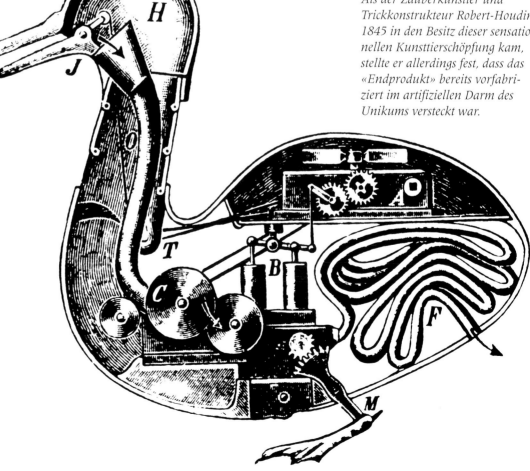

rend Monaten und Jahren die verzwicktesten präzisionsmechanischen Probleme lösten. Leider sind die meisten dieser Maschinerien in Kriegswirren «ums Leben» gekommen oder vom rostfreudigen Zahn der Zeit funktionsuntüchtig gebissen worden. Nur wenige, auch von uns Mondmenschen noch fassungslos umstaunte Musterexemplare sind der Gegenwart als Museumsrelikte erhalten geblieben. Im Deutschen Museum in München, in Pariser Sammlungen, in den Automatenmuseen von Ste-Croix und Neuchâtel, und in verschiedenen Privatkollektionen werden sie von stolzen Besitzern sorgsam gehütet, gehätschelt und gepflegt ...

Eine besondere Spezialität der Automatenbauer bildeten die mechanischen Singvögel. Man integrierte diese Kunsttiere in reich verzierte Tabaksdosen, in Schmuckkästchen, in Flaschen, in ganze Naturanlagen mit Pavillons und Tempel und sogar in Taschenuhren.
Seit der Antike hatte man versucht, Vogelgesang künstlich nachzuahmen. Aber erst im 18. Jahrhundert wurden durch den Serinettenmechanismus auch akustisch befriedigende Resultate erzielt: Eine Pfeife, betätigt von einem Kolben und einem Nockensystem, ersetzte die alten Klangpfeifen. Jaquet-Droz in Neuenburg, die Brüder Rochat in Genf und Jean-David Maillardet im Val-de-Ruz schufen kostbare «Serinettes», wobei die kleinen mechanischen Sänger im schillernden Federkleid Körper, Flügel, Schnabel und Kropf bewegten, wenn sie lostrillerten. Als automatische Kanarienvögel in prächtig verzierten Vogelbauern konstruierten dann ab 1830 auch deutsche Mechaniker zwitschernde Automaten.

Die Eisbärenjagd – ein mechanisch-tierisches Schaustück von Charbonnier (um 1890) zeigte drei gestikulierende Treiber und zwei Schützen (rechts), nach deren realistischer Knallerei der Eisbär erwartungsgemäss alle viere von sich streckt. Dass bei dieser Szene der Treiber mit der Stange einen modischen Stadthut auf dem Kopfe trägt, störte als kleiner klimatisch-geographischer Anachronismus das Publikum wohl kaum.

Das Schaukelpferd ist zwar kein typisches Automatentier, aber es bewegt sich und ist eines der beliebtesten Kunsttiere und Kinderspielzeuge. Vor dem Ersten Weltkrieg wurden Schaukelpferde auch propagandistisch eingesetzt. Als Original-Legende zu diesem säbelschwingenden Bübchen tönte es forsch:
«Es blasen die Trompeten: ‹Soldaten all heraus!
Zu schützen unsern Kaiser samt Reich mit Feld und Haus!›
Da sollt' ich deutscher Knabe nicht reiten mit zur Schlacht?
Wozu denn hätte s'Christkind mir Ross und Schwert gebracht?»
(links)

Fips, der Kletteraffe, wurde um 1890 vom Spielzeugfabrikanten E.P. Lehmann in Brandenburg als patentierte tierautomatische Variante des «Klettermaxe» hergestellt. Die 22 cm grosse Blechfigur strebt dank einem Schwungrad-Uhrwerk (mit Schnurzug) unermüdlich aufwärts.

Er ist zwar nicht beweglich, jedoch eine sehr prominente und vielzitierte Kunsttier-Figur, dieser chinesische Papiertiger (aus Papiermaché) aus der Zeit um 1905.

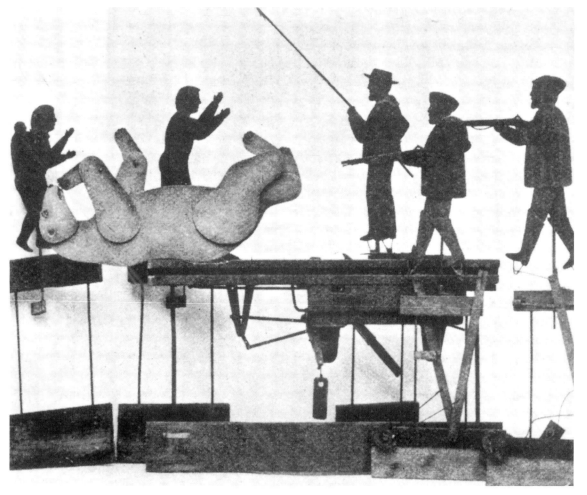

Quellen:

«Le Monde des Automates», von Alfred Chapuis und Edouard Gélis (ohne Verlagsangabe), Paris, 1928

«Revue des Monats» November 1932: «Künstliche Menschen», von Gilbert W. Feldhaus
Verlagsgesellschaft Die Revue des Monats m.b.H., Leipzig

«Blatt für Alle» (Schweiz), vom 28. Dezember 1972:
«Aus der Wunderwelt der Automaten», von Hans A. Jenny

«St. Galler Tagblatt» vom 6. Oktober 1987: Seite «Zum Vergnügen» (Kunstschwan)

«Les Automates des Jaquet-Droz» von Alfred Chapuis und Edmond Droz
Verlag Geschichtsmuseum der Stadt Neuenburg (ohne Jahreszahl)

«Automata – the Golden Age», von Christian Bailly
Hirmer Verlag, München, 1988

Katalog der Firma Rouillet & Decamps, Paris (engl.), 1885

«Spielzeug», von Antonia Fraser
Gerhard Stalling Verlag, Oldenburg, 1966 («Papiertiger»)

«Mechanisches Spiel und Theater»/Puppensammlung der Stadt München
Ausstellung Oktober 1972 (Broschüre), (Fips der Affe)

Das Schweinchen will nicht so recht, aber der kleine Bauer beinelt schnell hinter dem «little Pig» und bringt es schon zum Rollen.

Die Automatenhenne wurde in natürlicher Grösse geliefert. Sie legte fleissig Eier, die man ihr nach Ablauf des Uhrwerks wieder zurück ins hintere Gefieder praktizieren musste.

Herr Hund sitzt auf einem vernickelten «Tricycle» und trägt ein vornehmes Satin-Kostüm. Dieses mit einem Uhrwerk versehene Spielzeug war 36 cm hoch und 32 cm breit.

Geradezu hochfeudal kommt Meister Lampe daher: Artig lüpft er sein Hütchen.

Festival der Automatentiere

Jean Roullet lernte Mechaniker. Seine Werkstatt eröffnete er 1866 in der Rue des Quatre Fils in Paris, wo er auch seinen ersten Automaten, einen Gärtner mit Schubkarre, anfertigte. Schon ein Jahr später wurde dieser mechanische Jardinier an der Weltausstellung mit einer Broncemedaille ausgezeichnet.
Ab 1878 folgten dann neue Modelle: Ein herumstolzierender, radschlagender Pfau, ein sich aufplusternder, Kikeriki rufender Hahn und ein herumtollendes Zicklein.
Mit dem Eintritt seines Schwiegersohnes Ernest Decamps begann die Firma Roullet & Decamps ins Ausland zu exportieren. Zu ihren Spezialitäten zählten neben menschlichen Automatenpuppen eine ganze Menagerie von Tieren, die sich «verneigen, brummen, knurren und gehen, mit ihren natürlichen Schreien und Lauten.»

Mama Katz fährt stolz im Dreiräderwagen ihr Jüngstes spazieren. Ihre Hinterpfoten sorgen für «Bewegung» ...

Anstatt Lohengrin, den Schwanenritter, befördert der seine Flügel schlagende Automatenschwan ein Mädchen.

Emsig trippelnd zieht der Vogel Strauss eine Zweiradkutsche. Tier und Wagen sind 40 cm lang und 35 cm hoch.

Herr Affe, der talentierte Künstler, führt den Pinsel und dreht seinen Kopf zum Modell, Fräulein Esel, die kokett mit dem rechten Vorderhuf ihr Taschentuch schwenkt. (rechts)

Die rollende Schnecke dürfte eher zu den gigantischeren Exemplaren der Familie Escargot gezählt haben: 11 cm hoch und 26 cm lang ...

Mit beiden Vorderpfoten schlägt der 23 cm grosse Hasentambour die Tagwacht oder die Retraite.

Als eine Art Omnibus-Elefant steht der 36 cm hohe und mit beweglichem Rüssel 45 cm lange Dickhäuter im Katalog. Gravitätisch marschiert er durch den Zoologischen Garten.

Zur Zeit der Weltausstellung in Chicago 1893 zählte das Unternehmen schon 50 Mitarbeiter. Nach der Jahrhundertwende wurden auch elektrisch betriebene Objekte angeboten. Eine Figur von Little Tich (jener Clown, der später von Charlie Chaplin imitiert wurde) und automatische Schaufenster-Arrangements für das Warenhaus «Bon Marché» bereicherten die Auswahl der auch von Descamps Witwe und Kindern weiterentwickelten Firma. Besondere Prunkstücke von Roullet & Decamps waren ein rauchender Affe, ein Affe als Konditor und ein fliegendes «Arrangement», das 1925 zur Weihnachtszeit über der Pariser Place des Vosges schwebte: Ein St. Niklaus, der von verschiedenen Tieren begleitet wurde: «Der Pfau bewegt den Kopf und schlägt unermüdlich Rad. Das Schwein windet sich am Spiess. Elefant und Giraffe wackeln mit ihrem prominentesten Körperteil, dem Rüssel, beziehungsweise dem Hals. Am lustigsten aber ist der Polarbär, der sich eine Tasse heisse Schokolade eingiesst und sie genüsslich trinkt.»

Mister Cat strampelt gentlemanlike zum grossen Meeting der künstlich und kunstvoll gefertigten Tierkollegen.

Das Eichhörnchen rollte auf kleinen Rädern und bewegte Kopf und Vorderpfoten. Grösse 15 cm.

Auch Frau Bär ist samt Nachwuchs unterwegs zum Automatentier-Festival.

Basellischgus, du böser Fasel ...

Jacob Hoffmann (in der Schweizer Chronik des Wettinger Abtes Christoph Silberisen) sah 1576 den Basilisken als «Rex serpentum», als König aller Schlangen.

Die Stadt Basel hatte früher verschiedene Wappenhalter: Engel, Löwen, Wilder Mann, Wilde Frau. 1448 aber taucht erstmals ein Basilisk auf – mit der Inschrift: «Basellischgus, giftiger Wurm und böser Fasel – nu heb den Schilt der wirdigen Stat Basel.»

Konrad von Megenberg schilderte in seinem 1536 in Frankfurt erschienenen Naturbuch den Basilisken als grausliches Ungeheuer:
«Basilscus heisst ein unck, der ist ein könig aller Schlangen. Der Unck ist ein sonderlich übel auf dem erdtrich – ihn fliehen alle Schlangen und förchten ihn, denn er tötet sie nur mit seinem anhucheln. Die Leut aber tödt er mit seinem vergifteten Anblick. Wenn er den Mensch zuerst ansieht, so stirbt der Mensch – wenn aber der Mensch ihn zuerst ansieht, so muss der Unck sterben. Wo der Basilisk wonet, da vergifftet er die lufft und verderbt die kreuter und vergifft die Bäum und verwüstet sie. Er zerbricht die herten stein nur mit seinem athem, der auss seinem halss gehet ...»
Eine Beschreibung aus dem 16. Jahrhundert doppelt nach: «Sein wispelen förchten all ander schlangen, denn er tödt ander thier mit wispeln, jedoch besiegen ihn die Wisel und darum nehmen die Leute Wiseln und lassen sie in die höler da die Basilisken wohnen, doch sobald der Basilisk todt ist sterben auch die Wiseln.»
Eberhard Happel beschreibt in seinen 1683 publizierten «Relationes Curiosae» den Basilisken als «Regulum oder einen König, weil er ein natürlich Gewächse in Gestalt einer Krone auf seinem Haupte trägt. Die Ägypter glauben, er werde aus dem Ei eines Ibis oder schwarzen ägyptischen Storches gezeugt.»

Anno 1587 sollen in Warschau in einem tiefen Keller ein halbes Dutzend Kinder tot umgefallen sein.
«Als der Burgermeister Befehl erteilte, die Körper mit langen Haken heraufzuholen, sah man, dass sie wie eine Trummel aufgelaufen, insonderheit aber der Mund und die Zunge sehr aufgeschwollen und die Haut überall ganz gelb geworden war. Die Augen stunden so dick als ein Hühnerei vor dem Kopf, woraus die Medici urteilten, diese Kinder müssten durch einen Basilisken also zugerichtet worden sein.

1792 räumte der Italiener Luigi Bossi in seinem Buch «Dei Basilischi» mit der Legende auf, dass das gekrönte Fabeltier mit der spitzigen Zunge im Ei eines alten Hahnes entstehe und neun Jahre lang von einer scheusslichen Kröte ausgebrütet werde. «Sie erzählen nur einen Haufen Unsinn!», meinte Bossi resolut.

Man befand am ratsamsten, einem armen Sünder, welcher nach dreien Tagen sollte gerichtet werden, unter dem Versprechen seiner Begnadigung anzubieten, ob er sich wollte in den Keller wagen und die eigentliche Beschaffenheit dieser denkwürdigen Sache zu erkündigen. Dieser, ein Schlesier von Geburt, namens Johann Jaurer, fand sich hierzu sehr willig, dannenhero wurde er auf Einraten der Medicorum allenthalben mit Spiegeln umhangen. Man band ihm grosse Brillengläser vor die Augen, sein Leib ward mit einem starken ledernen Kleide angetan, und als er in die eine Hand eine brennende Kerze, in die andere aber eine Zange genommen, stieg er hinab in das vergiftete Gewölbe. Wie er hinunter gekommen, ging er eine gute Stunde in demselben hin und her und kunnte nichts finden, bis er endlich in einem Mauerloche an der linken Seite ein totes Tier in der Grösse einer Henne erblickete, worauf er denen draussen alsobald zuriefe, dass er die Ursache des Todes nunmehro gefunden, fragte daneben, wie er sich weiter zu verhalten hätte,

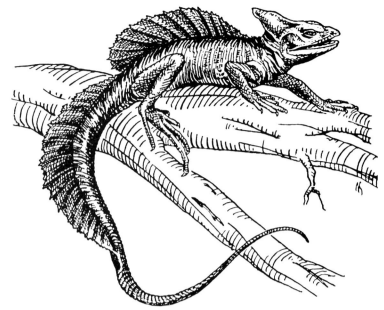

Eine eher seltene Basilisken-Variante ist dieser achtbeinige «Königswurm» mit «Blick zurück im Zorn».

Als Basilisken bezeichnen die Zoologen heute drei Gattungen baumbewohnender Leguane aus Mittelamerika und dem nördlichen Südamerika. Sie sehen mit ihrem schmalen Kopfhelm, ihrem hohen Rückenkamm und dem grossen Kehlsack wie «Westentaschensaurier» aus, werden höchstens achtzig Zentimeter lang und sind gänzlich ungiftig.

«Rezente» Basilisken laufen auf den Hinterbeinen blitzschnell auf der Wasseroberfläche, ohne einzusinken; ausserdem springen sie vom Gezweig der Urwälder tief hinab in das Wasser und tauchen dort bis auf den Grund. Wie der Wiener Arzt und Reptilienforscher Joseph Nikolaus Laurenti Ende des 18. Jahrhunderts dazu kam, diesen Spring- und Tauchakrobaten den Namen der tödlich blickenden, giftsprühenden Basilisken der Legende anzuhängen, bleibt sein Geheimnis.

worauf ihm der Medicus antwortet, er sollte das Tier mittelst seiner Zange mit sich heraus an des Tages Licht bringen. Als solches unverzüglich geschehen, erkannt ihn besagter Medicus an seiner Gestalt vor einen Basilisken. Das Haupt war wie der Kopf eines indianischen Hahns gezieret mit einem gelbblauen Kamm, und so sahe auch das Fleisch am Halse aus. Seine Augen waren wie Krötenaugen gestaltet, der ganze Leib wie auch die Flügel hatten seltsame Farben, insonderheit aber mit gelb, blau, rot und grün gesprenkelt. Er hatte lange, gelbe Füsse wie ein Hahn, einen spitzen, gekrümmten, gesprenkelten und aufwärtsgerichteten Schwanz. Man hat geurteilet, dieser Basiliscus, oder so es ein ander giftiges Tier gewesen, müsste sich durch die zurückprallenden Strahlen seiner giftigen Augen selber um das Leben gebracht haben. Soweit gehet diese Geschichte, welche beschrieben wird von D. Johann Pincier, Med. Prof. zu Marburg und andern mehr.»

Im ersten Wiener Bezirk, hinter dem romantischen Heiligenkreuzerhof, versteckt sich die idyllische Schönlaterngasse. Im dortigen Hause Nr. 7 wurde anno 1302 ein Brunnen gegraben. Unter einer Sandsteinschicht wurde man fündig. Allerdings schmeckte das Wasser giftig schweflig, wie nach verdorbenen Eiern. Als man dann noch eine Sandstein-Kongretisierung fand, die mit gutem Willen durchaus als versteinertes Untier gelten konnte, war das Haus (und die benachbarte Gaststätte) schnell «zum Basilisken» getauft.

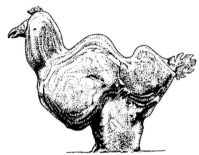

Quellen:

«Die Entdeckung der Tiere» von Herbert Wendt
Christian Verlag GmbH., München, 1980 (Basilisken – zoologisch)

«Unnatürliche Geschichten» von Colin Clair
Atlantis Verlag, Zürich, 1969/Kapitel: Der unheilvolle Basilisk (S.178–180)

«Drachen, Riesen, Rätseltiere» von Willy Ley
Franckh'sche Verlagshandlung, Stuttgart, 1953

Separatstudie von Rudolf Riggenbach, Basel: «Wie der Basilisk Basels Wappentier wurde» (Sommer 1951)

«Grösste Denkwürdigkeiten der Welt» von Eberhard Werner Happel
Verlag Rütten & Loening, Berlin, 1990

Dinos, Drachen und Dronten

«Jung-Siegfried wanderte wohlgemut durch den Wald. Da wälzte sich der Lindwurm durchs Dickicht heran. Sein Kopf mit den funkelnden Augen war grauenerregend. Doch Siegfried bohrte dem Ungetüm den Stahl in die Weichen. Der Drache schlug mit dem Kopf und Schwanz um sich, dass die Erde erzitterte, und hauchte sein Leben aus...»

Der Jesuitenpater Athanasius Kircher zeigte in seinem Ungeheuer-Buch «Mundus subterraneus» (1678) diesen angeblichen vom gascognischen Ritter Deodatus von Gozon 1345 auf Rhodos erlegten feuerspeienden und geflügelten Drachen.
Friedrich von Schiller schrieb über diese Legende eine Ballade in 25 Versen, «Der Kampf mit dem Drachen», aus der wir die ersten 20 Zeilen rezitieren:
«Was rennt das Volk, was wälzt sich dort
Die langen Gassen brausend fort?
Stürzt Rhodus unter Feuers Flammen?
Es rottet sich im Sturm zusammen,
Und einen Ritter, hoch zu Ross,
Gewahr' ich aus dem Menschentross.
Und hinter ihm – welch Abenteuer! –
Bringt man geschleppt ein Ungeheuer;
Ein Drache scheint es von Gestalt
Mit weitem Krokodilesrachen,
Und alles blickt verwundert bald
Den Ritter an und bald den Drachen.
Und tausend Stimmen werden laut:
‹Das ist der Lindwurm, kommt und schaut,
Der Hirt und Herden uns verschlungen!
Das ist der Held, der ihn bezwungen!
Viel andre zogen vor ihm aus,
Zu wagen den gewalt'gen Strauss,
Doch keinen sah man wiederkehren;
Den kühnen Ritter soll man ehren!›»

Aldrovandi, der italienische Naturforscher des 16. Jahrhunderts, soll von diesem «kleinen, jungen Drachen» ein Präparat in seiner Sammlung besessen haben. Eine gewisse optische Verwandtschaft des kurioserweise nur zweibeinigen Ungeheuers mit dem urweltlichen Plesiosaurus ist offensichtlich.

Athanasius Kircher glaubte noch, dass die Erde wabenartig von tiefen Urhöhlen durchzogen sei, in denen alle Arten von Ungeheuern und vor allem Drachen lebten.
«Sie sind nur darum selten und rätselhaft, weil die Oberfläche der Erde nicht ihr natürliches Wohngebiet war; die wenigen, die in den Berichten über Drachenkämpfe mit berühmten Helden erwähnt werden, sind ganz einfach Verirrte, die durch Zufall an die Erdoberfläche geraten sind und den Weg zurück nicht mehr finden konnten.»
Die chinesischen Drachen hingegen waren alles andere als Bewohner unterirdischer Schichten dieser Welt, sondern eigentliche «Wolkendrachen», Wesen von oben. Manche hätten allerdings, so glaubte man im Reiche der Mitte, aus Mangel an Regen nicht mehr in die Wolken zurückfliegen können – und von diesen stammten alle Drachenknochen und Drachenzähne, sagen die Chinesen.

*

Kein Mensch sah jemals einen lebenden Drachen. Woher also die «Erinnerung» an eine übermächtige, verheerend wirkende und menschenbedrohende Tierwelt, wenn es damals noch keine Menschen gegeben hat und zu des Menschen Zeiten diese Tiere längst nicht mehr vorhanden waren?

*

Der Wiener Symbolist Rudolf Jettmar (1869–1939) hat als Maler einen ganzen Zyklus von Drachenbildern geschaffen und sich in mehreren Gemälden und Zeichnungen auf das Thema der Befreiung Andromedas durch Perseus konzentriert. Als Direktor der Wiener Kunst-

1907 gab L. Brenckendorff unter Berufung auf verschiedene, zumeist unklare Quellen eine ganze Serie von Drachenbildern heraus, wobei er immer den Namen des jeweiligen Drachentöters zum entsprechenden Ungeheuer-Porträt setzte. Von oben links nach rechts sehen wir die Beute von Johann Tinner, Andreas Roduner, Johann Bueler, Christoph Scherer, Johann Egerter und Paul Schumperlin.

Konrad Gesner starb 1565, als er gerade das Drachenkapitel in seinem «Schlangenbuch» redigierte. Der fünfte Band von «Conradi Gesneri Historiae Animalium qui est de Serpentinum natura» erschien erst 1589 in einer Bearbeitung von Jacobus Carronum in der berühmten Offizin Froschauer in Zürich.

akademie allerdings hatte Jettmar weniger Glück. Als sich bei ihm seinerzeit ein kunstbeflissener Kandidat aus Braunau meldete, verweigerte er ihm die Aufnahme in die «edlen Hallen». Der Herr aus Braunau stürzte sich dann frustriert in die Politik, was wiederum dramatische Folgen a) für Österreich, b) für Deutschland und Europa und c) für die ganze Welt hatte. Es wäre wohl klüger gewesen, wenn Rudolf Jettmar Adolf Hitler damals – Talent hin oder her – im Drachenmalen unterrichtet hätte ...

Giovanni Luigi Valesio, ein italienischer Zeichner des frühen 17. Jahrhunderts, hat im Jahre 1619 ein Buch von Alfonso Isacchi über die Wundertaten der Madonna della Ghiara von Reggio illustriert. Der beflügelte Drache, auf dessen Kopf ein kleines Einhorn spriesst, trägt die Jungfrau samt Jesuskind. Das Untier speit sein Feuer nicht nur vorne aus dem Rachen, sondern auch noch ganz hinten aus der Spitze seines langen Ringelschwanzes – es ist aber trotzdem so freundlich domestiziert, dass es sich für die Marienverehrung problemlos einsetzen lässt.

Zu den ausgestorbenen Wundertieren gehört der Dodo oder die Dronte. Als 1497 mit Vasco da Gama die Portugiesen als die ersten Europäer auf die Maskareninseln Mauritius kamen, fanden sie dort den «Doudo», wie sie ihn nannten, einen plumpen, schwanenähnlichen Vogel. Sie bezeichneten die Inseln deshalb als Schwaneninseln, weil es dort von solchen Doudos nur so wimmelte. 1598 nahm Admiral van Nek das tropische Paradies für Holland in Besitz und taufte es Mauritius. Den Doudo/Dodo nannten die Mijnheers Walghvogel, d.h. Ekelvögel. Sie erschlugen den «Didus ineptus» zu Hunderten und salzten das Fleisch als Schiffsproviant ein. Deshalb wurde bereits im Jahre 1681 die letzte lebende Dronte auf Mauritius gesichtet. Ein konserviertes Exemplar wurde 1755 an der Universität Oxford infolge Zerfalls vernichtet – nur Kopf und rechter Fuss sind noch heute zu sehen. Die französische Übersetzung des Walghvogels/Ekelvogels hiess Oiseau de nausée, woraus dann später ein Didus nazarenus, ein Nazarener- oder Nazarvogel gemacht wurde, den es überhaupt nie gegeben hat. Im Wiener naturhistorischen Museum ist noch ein Dronte-Skelett zu besichtigen – das Gerippe eines seit über 300 Jahren ausgestorbenen Wundervogels aus dem Gebiet des Indischen Ozeans.

Professor Landois, Dialektdichter und Urweltzoologe, sitzt im Provinzialmuseum in Münster neben der «Seppenrader Dickscheibe» (ein Arietites bisulcatus aus dem untern Jura), «dem riesigen Wohngehäuse eines tintenfischähnlichen Ungeheuers aus der Gruppe der Ammonoideen (Ammonshörner), das zur Zeit der grossen Dinosaurier im westfälischen Kreidemeer gelebt hat.»

Das Pteranodon («die gewaltigste Flugmaschine, welche die Schöpfung jemals hervorgebracht hat …») erreichte eine Spannweite von über acht Metern!

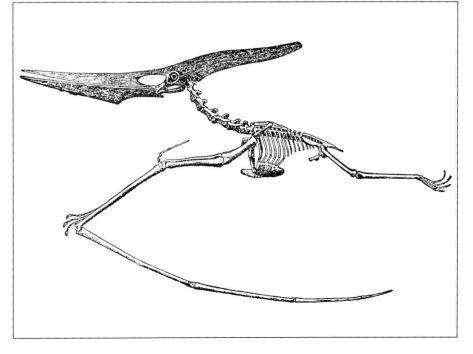

«Das grossartigste Prachtstück, das je von einem urweltlichen Insekt gefunden wurde»: Die Kalligramma Haeckeli, ein vierflügeliger Ahne von Florfliege und Ameisenlöwe, hatte eine Breite von 25 cm!

Der Ritt auf dem Drachen, ein symbolträchtiges Bild. Damals (1877) sah der Zeichner die schnelle Verbreitung von Nachrichten aus aller und für alle Welt per Drachenpost – heute sitzen wir alle auf dem schnaubenden Ungeheuer einer mühsam zwischen Gott und Teufel, Segen und Fluch balancierenden Computer- und Gen-Technik.

Michael Page präsentierte in seiner «Encyclopaedia of things that never were» eine fiktive zoologisch-mythologische Drachenordnung:
«Zu den wichtigsten Arten gehören der Europäische Drache (Draconis teutonica), der in Norddeutschland, Skandinavien und auf vielen Inseln im Nordatlantik haust; der Westliche Drache Frankreichs, Italiens und Spaniens (Draconis gallii); der Britische Drache (Draconis albionensis), der auch als Feuerdrache bekannt ist und dessen nächste Verwandte, der zweibeinige Guivern (Draconis bipedes) und der geflügelte, aber fusslose Lindwurm (nematoda). Dazu kommen der Mittelmeer- oder Levantinische Drache (Draconis cappadociae) und der Orientalische Drache (Draconis sinoensis), der in Asien und Indonesien haust.
Es gibt auch Drachen, die mehr als nur einen Kopf haben. Der Draconis ladonni zum Beispiel hat sogar hundert Köpfe!»

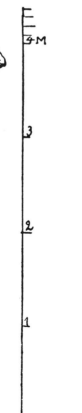
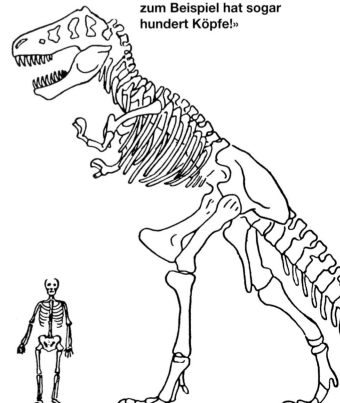

Es sieht harmlos aus wie ein Lämmchen, das vier Meter grosse Trachodon annectens, das in Converse County (Wyoming) in der «oberen Kreide» gefunden wurde. Es gründelte zwar wie die Enten oder Schnabeltiere in sumpfigen Seen nach Pflanzennahrung, hatte aber als sogenannter Hartzahndrachen ein phänomenales Gebiss: «Erstaunlich ist die Zahl der Zähne, die das Trachodon einsetzen konnte: In jedem Kiefer waren zwei bis drei Reihen gleichzeitig in Tätigkeit; daneben standen etwa fünf weitere Reihen von Ersatzzähnen in Bereitschaft – insgesamt waren es 2072 Zähne!»

Das Megatherium war ein sieben Meter grosses Riesenfaultier. Im Jahre 1789 fand man seine Knochen am Lehmufer des Luyanoflusses bei Buenos Aires. Weil es so schwer war, konnte es nicht auf die Bäume klettern, wie sein heute noch lebender kleinerer Nachkomme. Das Megatherium, oder Mylodon, wie es auch genannt wurde, riss drum die Palmen einfach um und frass dann die Blätter bequem am Boden. Im Jahre 1902 suchte eine Expedition in Südargentinien nach dem Urtier, weil man in einer Höhle dessen Skelett zusammen mit menschlichen Knochenresten entdeckt hatte. Man glaubt deshalb, das Mylodon sei kein reiner Pflanzenfresser gewesen, sondern habe auch Urmenschen verfolgt. Hesketh Prichard, der Leiter dieser Urwelt-Safari, hoffte sogar, so ein Mylodon/Megatherium noch lebend als ein im argentinischen Urwald verstecktes Überbleibsel aus der Jurazeit beim Angriff auf einen Menschen unserer Tage beobachten zu können. Aber weder Prichard noch andere Forscher wurden fündig. Immerhin fand Johann Wolfgang von Goethe unseren «Palmenschüttler» so interessant, dass er ihm eine ausführliche Betrachtung widmete.

*(Bild links)
Der fleischfressende Saurier Tyrannosaurus rex – hier im Vergleich mit einem Menschenskelett – hat eine komplizierte Verwandtschaft: Er gehört zur Gattung Tyrannosaurus, zur Familie der Deinodontidae, zur Zwischenordnung Carnosauria, zur Unterordnung Theropoda, der Ordnung der Saurischia, der Unterklasse Archosauria, der Klasse Reptilia (der Überklasse Tetrapoda), dem Unterstamm Vertebrata, und dem Stamm Chordata.*

*Gelebt, gejagt, gewütet hat der acht Tonnen schwere und 15 Meter lange Raubsaurier in der Kreidezeit zwischen 136 Millionen und 65 Millionen Jahren v. Chr. Damals könnte die Welt noch aus drei Kontinenten (Nordamerika/Atlantis, Asien und Gondwanaland) bestanden haben. Aber selbst am gondwanischen Sandstrand unter Palmen, am sagenhaften Tethys-Meer hätte ich keine Lust gehabt, mich als kleines Appetithäppchen tyrannosaurisch vertilgen zu lassen ...
Goethe hat uns im «Faust» eine dinosaurisch-imposante Ahnung vermittelt:
«Sie treten auf, die Erde schüttert, Sie schreiten fort, es donnert nach...»*

Quellen:

«Drachen», von Wilhelm Bölsche (Kosmos-Bändchen)
Verlag der Franckh'schen Verlagshandlung, Stuttgart, 1929

«Allerlei Drachen», von L. Brenckendorff in «Bibliothek der Unterhaltung und des Wissens», Jahrgang 1907, Band 10, Seiten 182–195
Union Deutsche Verlagsgesellschaft, Stuttgart

«Balladenbuch», von Ferdinand Avenaris:
«Der Kampf mit dem Drachen», von Friedrich von Schiller (Seiten 466–474)
Steingrüben-Verlag, Stuttgart, 1951

«Rare and valuable Books», Catalogue 57
Gilhofer & Ranschburg GmbH., Luzern, ohne Jahrgang (Ghiara-Drache)

«Drachen, Riesen», von Willy Ley
Franck'sche Verlagshandlung, Stuttgart, 1953

«Urväterhort», Die Heldensagen der Germanen, von Max Koch
Verlag W. Buexenstein, Berlin, ohne Jahrgang, ca. 1910 (Siegfried und der Drache)

«Tiere der Vorzeit», von Walther Schoenichen
Ullstein Verlag, Berlin, 1924

«Illustrirte Zeitung» Nr. 3243 vom 24. August 1905 (Dronte)

«Das Leben der Urwelt», von Wilhelm Bölsche
Verlag Georg Dollheimer, Leipzig, 1934

«Ich erforsche die Vorzeit: Dinosaurier», von Anne McCord
Usborne Publishing Ltd., London, 1977

«Die Welt der Dinosaurier», von Björn Kurtén
Fischer Taschenbuch Verlag, Frankfurt am Main, 1974

«Illustrierte deutsche Monatshefte», 1871, Seite 109: Neuestes aus der Ferne (Drachenritt)

«Riesen der Vorzeit», von E. Koller in «Bibliothek der Unterhaltung und des Wissens» 1902, Band 1, Seiten 177–193
Union Deutsche Verlagsgesellschaft, Stuttgart (Megatherium)

«Das Drachenmotiv in der abendländischen Kunst – Der ewige Kampf gegen den Drachen», von Hans H. Hofstätter
«die waage» Nr. 3, Band 26, 1987, Zeitschrift der Grünenthal GmbH, Aachen

«Faszinierende Welt der Phantasie», von Michael Page und Robert Ingpen
Weltbild Verlag GmbH., Augsburg (Drachen-Definitionen)

«Auf Noahs Spuren», von Herbert Wendt
G. Grote Verlag, Hamm, 1956 (Dodo/Dronte, Seiten 173–178)

Der Tyrannonasus imperator ist ein eigentliches Raubnasobem, eine frei jagende, durch ihre morphologisch-physiologisch gefährliche Giftklauen-Bildung als Auflauerer und Nachschreiter besonders bemerkenswerte Polyrrhina (Vielnasen-)Form der Rhinogradenten.

Der Förderbandnasling (Eledonopsis suavis) zählt zu der Hexarhinida-Gruppe, zu den sechsnasigen Schnieflingen. Die Art, von der Grösse einer Spitzmaus, lebte im Heieiei-Archipel auf der «Museumsinsel» Mairüwili. Der Förderbandnasling trägt bandartige Nasen mit einem Flimmerepithel, das die am Schleim kleben gebliebenen Insekten dem Verdauungstrakt zuführt.

Der Schneuzende Schniefling (Emunctator sorbens) aus der Gruppe der Säulen-Naslinge (Rhinocolumnidae) ist etwa rattengross. Er lebte auf der Hauptinsel Heidadeifi. Durch Schneuzung erzeugte das Tier feine lange Fangfäden, an denen Klein-Wassertiere, wie Ruderfusskrebse, Insektenlarven, aber auch Fische geringerer Grösse hängen blieben.

Der Reissende Orchideen-Trugnasling (Orchidiopsis rapax), auch Ankels vanilleduftender Orchideennasling genannt, war eigentlich eine Blütenattrappe. Diese Form aus der Gruppe der Nasenhopfe (Hopsorrhinida) war (vor der Ausrottung durch die Atomversuche im Heieiei-Archipel) ein klassisches Beispiel für Angriffsmimikry im Wirbeltierbereich. Der Trugnasling lockte mit seinen Duftstoffen pollen- und nektarsuchende Insekten an. Den evolutionskundlich Gebildeten wird interessieren, dass die Orchidiopsiden langsame arboricole Kletterer sind, die sich von bodenbewohnenden Formen ableiten.

Rhinogradentia – die Sensation von Heidadeifi

Im Jahre 1941 floh der schwedische Forscher Einar Petterson-Stämtkvist aus einem japanischen Gefängnis auf das Südseearchipel Heieiei.
Dort entdeckte und erforschte er auf der Insel Heidadeifi eine bisher völlig unbekannte Tierart, die Naslinge/Rhinogradentia).
Sofort nach dem Kriege gründete dann Professor Stümpke im benachbarten Mairüwili ein Museum des Darwin-Institutes und widmete sich ausschliesslich der Rhinogradentia-Forschung. Schliesslich ermittelte er 15 Familien mit 138 Unterarten dieser eigenartigen Geschöpfe, die sich zum Teil auch auf, respektive mit ihren Nasen fortbewegen konnten.
Von einer ganz speziellen Rhinogradentia-Spezies, dem Nasobema Lyricum (die Eingeborenen, die Huacha-Hatschis nannten es «Honatata») war schon Petterson-Stämtkvist fasziniert. Er brachte diesem dreinasigen Wesen – einer überaus intelligenten Schöpfung im Grenzbereich zwischen Säugetier und Insekt – nach monatelanger Dressur das fehlerfreie Nachsummen zweier Orgelfugen von Johann Sebastian Bach bei.

Schon der anthroposophische Dichter Christian Morgenstern (1871–1914) hat ja – gewissermassen als literarische Vorahnung der Rhinogradentia-Funde – in seinen «Galgenliedern» das Nasobem beschworen:
«Auf seinen Nasen schreitet
– einher das Nasobem –
von seinem Kind begleitet –
Es steht noch nicht im ‹Brehm› –
Es steht noch nicht im ‹Meyer› – Und auch im ‹Brockhaus› nicht –
Es trat aus meiner Leyer –
Zum erstenmal ans Licht.»
Leider traten dann zwei Katastrophen ein, die der weiteren wissenschaftlichen Erschliessung des Rhinogradentia-Phänomens ein jähes Ende bereiteten:
Schon in den frühen fünfziger Jahren litten die Huacha-Hatschi unter einer immer gravierender auftretenden Schnupfen-Epidemie, gegen die zwar die meisten Arten der Naslinge immun waren, die jedoch die eingeborene Bevölkerung restlos dezimierte.
Ende 1957 schliesslich zerstörten Atomversuche das ganze Eieiei-Archipel (die Franzosen sprachen von den «Iles Aïeaïeaïes»). Überdauert haben nur die 1961 aus dem Nachlass von Professor Harald Stümpke entstandenen Studien, die in mehreren Auflagen bereits in über 40 000 Exemplaren erschienen und auch ins Englische und Französische übersetzt worden sind. Kein geringerer als Professor Grassé (Membre de l'Institut, Dozent an der Universität Paris), hat die französische Ausgabe belobigt als «astre de première grandeur qui vient de s'allumer non loin de l'étoile de Cassiopée; la Patabiologie.»
Der deutsche Zoologe Rolf Siewing in Erlangen hat übrigens die Rhinogradentier in seine Tierarten-Systematik aufgenommen.

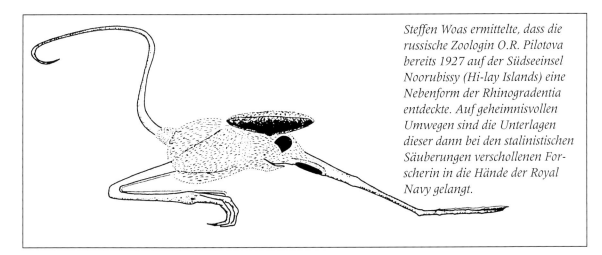

Steffen Woas ermittelte, dass die russische Zoologin O.R. Pilotova bereits 1927 auf der Südseeinsel Noorubissy (Hi-lay Islands) eine Nebenform der Rhinogradentia entdeckte. Auf geheimnisvollen Umwegen sind die Unterlagen dieser dann bei den stalinistischen Säuberungen verschollenen Forscherin in die Hände der Royal Navy gelangt.

Wir sehen hier einen Aurivolans propulsator nach der Pilotovaschen Originalskizze: Das Tierchen flog mit der intrarhinangialen Stabilisationsmembran voran (Reiseflug nach dem Entenflügelprinzip). Art und Aufbau dieses Nasopodiums sowie das Vorhandensein eines vollständig entwickelten Deutonasalgelenkes stellten den Aurivolans trotz des Fehlens eines invertierten Fellstriches sowie des os alae auris eindeutig zur von Professor Bromeante de Burlas y Tonterias aufgestellten Familie der Hopsorrhinidae.

Die Fortbewegung des Aurivolans funktionierte über mit Methanobacter dubiosus «betriebene» Gärkammern in ein Propulsionsrectum, dessen Rückstoss durch die Regelung des Analsphincter dosierbar war. Unsere Skizzen zeigen die drei Phasen des Landeanflugs eines Aurivolans: a) Reiseflug. b) Abfangvorrichtung durch Entfaltung und Stabilisierung der Flugohren und c) Vernichtung des Vortriebes durch den als Fanghaken wirkenden, äusserst muskulösen und dehnbaren Schwanz.

Wenn der Vorgang des Füllstosshüpfens durch eine zu effiziente Darmgasmischung keine geregelte Landung mehr zuliess, erfolgte automatisch eine perfekte Notlandung, die mittels eines retograden Hüpfsprungs wieder in die Grundstellung zurückführte.

Quellen:

«Bau und Leben der Rhinogradentia» von Harahd Stümpke
Gustav Fischer Verlag, Stuttgart, 1961

«Grundsätzliche Bemerkungen zum Flugvermögen von Aurivolans Propulsator Pilotova» von Steffen Woas (Schriftenreihe «carolinea» 40: 107–112. Museum am Friedrichsplatz, Karlsruhe, 29. Oktober 1982)

«Fabeltiere» (Zu einer Ausstellung des Zoologischen Museums der Universität Kiel) von Rudolf König
November 1985

«Les Mammifères – Anatomie et biologie des Rhinogrades»
Seiten 306 und 308 in «Encyclopédie des Farces et Attrapes et des Mystifications» von François Caradec und Noël Arnaud
Verlag Jean-Jacques Pauvert, Paris, 1964

«Bioenergetics of Methanobacter dubiosus nov. spec. and Rhinodinium rhinmorpha nov. spec», von J. E. Cnalgass
(Veröffentlichungen der Royal Navy Amat. Sci., 1931)

"The take-off procedures of Aurivolans propulsator Pilotova" von R. Bonhomme The Annual Navy-Report, Whitehall, London, 1930

«A systematica dos Rhinogradentes» von Juan Bromeante de Burlas y Tonterias (Bull Darwin Inst. Hi. Nr. 7, 16 S.: Hi-lay, 1948)

Das romantische Einhorn

Immer wieder hat das Einhorn Schriftsteller zu Romanen und Novellen inspiriert: Thomas Buchanans «The Unicorn» erschien erstmals 1959 in Paris, Martin Walsers «Das Einhorn» 1966 in Frankfurt, Sara Seale schrieb 1977 «To Catch a Unicorn», ein Roman, der in Deutschland mit dem Titel «Das Mädchen und das Einhorn» publiziert wurde.
Mit den Illustrationen von Gennadij Spirin präsentierte Otfried Preussler bei Thienemann ein Kinderbuch «Das Märchen vom Einhorn».
Auch Helmuth A. Niederle und Hermann Härtel gestalteten ein Einhorn-Märchen «Der Zug der Einhörner».

*

Einhornmusik schuf Phil Thornton 1986 (New World Cassettes NWC 142) unter dem Slogan: «Step into the legendary world of the Unicorn, of fantasy, of haunting timeless moments ...»

Einhorn-Horn (ob es vom Nashorn oder von Mammuts, Elefanten oder vom Narwal stammte) war im Mittelalter heiss begehrt:
Der Kurfürst von Sachsen zahlte 100 000 Taler für ein einziges Stück, Kaiser Karl V. konnte mit zwei Hörnern beim Markgrafen von Bayreuth eine grosse Schuld begleichen.

«Da blickte das Einhorn zu ihm herüber, aus grossen bernsteinfarbenen Augen, und sah ihn an. ‹Wie schön du bist!› sagte Hans. Das Schiessgewehr liess er sinken, den Spiess warf er in die Büsche. Und es geschah ihm, dass er vor Schauen und Staunen die Zeit vergass.»
(«Das Märchen vom Einhorn»)

«Honny soit qui mal y pense», dass im Wappen von Grossbritannien der Löwe England und das Einhorn Schottland symbolisieren.

In der Wiener Schatzkammer zeigt man das «Ainkhürn»-Schwert Karls des Kühnen und das Einhorn-Szepter von Kaiser Matthias, gestaltet vom Prager Kammergoldschmied Andreas Osenbruck.
Auch das Szepter des dänischen Königs Frederik III. ist aus Narwalzahn gefertigt – der dänische Königsthron auf Schloss Rosenborg ruht auf 14 Narwalzahn-Säulen.
Das Victoria & Albert-Museum in London, das Museo Civico in Bologna und das Offenbacher Ledermuseum besitzen ebenfalls Einhorn/Narwal-Kostbarkeiten.
Mit «Unicornu fossile» angeschrieben besitzen die Landessammlungen für Naturkunde in Karlsruhe ein 35 cm langes Bruchstück eines 1750 in Efringen (zwischen Müllheim und Basel) ausgegrabenen Mammutstosszahnes.

*

Dem Einhorn wurde entgiftende Kraft zugesprochen. Eine Legende besagt, dass die anderen Tiere erst aus einem von einer grossen Schlange vergifteten See trinken, wenn das Einhorn mit seinem Horn ein Kreuz in das Wasser geschlagen hat.
Im 2. Buch Mosis (Exodus) reinigt ja auch der Stammvater schlechtes Wasser bei Mara (= bitter), indem er einen ihm

1882 erwarb das Pariser Cluny-Museum einen von George Sand auf Schloss Boussac entdeckten sechsteiligen Gobelin «Die Dame mit dem Einhorn». Die sechs Einzelteppiche tragen symbolische Titel: Tastsinn, Gehörsinn, Geruchssinn, Gesichtssinn, Geschmacksinn und «Meiner einzigen Sehnsucht». Rainer Maria Rilke widmete diesen exquisiten Kunstwerken sein Einhorn-Sonett, Jean Cocteau war von ihrem Reiz überwältigt.
Auf einer paradiesischen Insel sitzt «La Dame» unter dem Zeichen der Mondsichel und hält dem zutraulichen Einhorn den Spiegel vor. Unser Ausschnitt aus dem insgesamt etwa 3 × 3 Meter grossen Prachtsteppich «Gesicht» umfasst etwa einen Quadratmeter des Meisterwerkes.

von Gott bezeichneten Baum (15. Kapitel, Vers 25) in die Quelle stellt.
Eine Kombination dieser beiden Darstellungen versucht der Utrechter Priester Johannes Witte de Hese in seinem fiktiven Bericht über eine Heiliglandfahrt 1389: Nach Sonnenaufgang erscheint das Einhorn am Fluss Mara, um das immer wieder von bösen Tieren vergiftete Wasser zu säubern.

*

Viele Apotheken pflegen noch heute das Einhorn als Wappentier, weil früher Einhornpulver als «bewährtes» Potenzmittel und auch als Schwangerschaftsförderungs-Elixier direkt in der Offizin ab einem an der Wand befestigten Narwalzahn geschabt wurde.

*

Das Horn des Einhorns (Narwals) wurde ausserdem als äusserst wirkungsvolles Gegengift gelobt.
Monarchen und Fürsten, die an der Tafel aus einem Einhornbecher tranken oder mit Einhornbesteck speisten, glaubten sich vor Vergiftungsanschlägen sicher, weil sich «Einhorn» sofort verfärbt haben soll, wenn es mit Giften in Berührung kam.

W. Grasse gestaltete 1978 für den Einhorn-Kalender eine moderne Version des klassischen Paares Jungfrau/Einhorn.

Als 1989 das Apothekenmuseum in Weissenburg (Bayern) sein Zehn-Jahre-Jubiläum feierte, kredenzte man den Gästen «Einhorn-Wein» und zeigte ihnen ein mit dem Einhorn geschmücktes Fläschchen mit einer speziellen Mixtur gegen den Tod ...

Wir begegnen dem Einhorn auch im alten China, wo es in Gestalt eines Rehes als das vollkommenste der vierfüssigen Tiere galt. Das männliche Einhorn heisst K'i, das weibliche Lin, die gesamte Gattung wird K'i-lin genannt. Heute noch gehört die Figur des Einhorns in China zu den vier glückbringenden Tieren – neben dem Drachen, dem Phönix und der Schildkröte.
Trotz seiner (erwiesenen) Fabelhaftigkeit (im doppelten Sinn des Wortes) wird das Einhorn siebenmal in der Bibel erwähnt:
(Hiob 39, 9–12) «Meinst du, das Einhorn werde dir dienen und werde bleiben an deiner Krippe? Kannst du ihm dein Seil anknüpfen, die Furchen zu machen, dass es hinter dir brache in Tälern? Magst du dich auf das Tier verlassen, dass es so stark ist, und wirst es dir lassen arbeiten? Magst du ihm trauen, dass es deinen Samen dir wiederbringe und in deine Scheune sammle?»
(Psalm 22, Vers 22) «Hilf mir aus dem Rachen des Löwen und errette mich von den Einhörnern.»
(Psalm 29, Vers 5, 6) «Die Stimme des Herrn zerbricht die Zedern, der Herr zerbricht die Zedern im Libanon und macht sie hüpfen wie ein Kalb, den Libanon und Sirjon wie ein junges Einhorn.»
(Moses 23, 22) «Gott hat sie aus Ägypten geführt, seine Freudigkeit ist wie die eines Einhorns.»

(Moses 33, 17) «Seine Herrlichkeit ist wie die eines erstgeborenen Stiers, und seine Hörner sind wie Einhornshörner; mit denselben wird er die Völker stossen zuhauf bis an des Landes Enden. Das sind die Zehntausende Ephraims und die Tausende Manasses.»
(Psalm 92, Vers 11) «Aber mein Horn wird erhöht werden wie eines Einhorns, und ich werde gesalbt mit frischem Öl.»
(Esaja 34, 7) «Da werden Einhörner ... herunter müssen und die Farren samt der gemästeten Ochsen. Denn ihr Land wird trunken werden von Blut und ihre Erde dick werden von Fett.»

*

Im «Talmud» erscheint ein Einhorn als Tachasch, Buddha predigte «Lass mich einsam wie ein Einhorn wandern» und auch Aristoteles, Plinius und Aelian, Ktesias (am Hofe des Perserkönigs Artaxerxes II.) die «Naturäbtissin» Hildegard im zwölften und der Scholastiker Albertus Magnus im 13. Jahrhundert beschäftigen sich mit dem geheimnisvollen Wesen, das immer entweder als sehr gut oder als sehr böse geschildert wird.

Der arabische Schriftsteller Al-Qazwini erzählte im 16. Jahrhundert, dass der Held Iskandar die Bewohner der Insel Zairat al-Tinnin im Indischen Ozean von einer Seeschlange befreit habe. Dafür hätten sie Iskandar den Miraj geschenkt, einen gelbhaarigen Einhorn-Hasen.

In der Nähe von New York wurde 1938, finanziert von John D. Rockefeller junior, ein aus den Resten von fünf französischen Klöstern «kombiniertes» Pseudokloster eingerichtet. «The Cloisters» ist heute eine Aussenstation des New Yorker Metropolitan Museum of Art und nennt sich «The Castle of the Unicorn», weil hier die Ende des 15. Jahrhunderts für Anne of Brittany und Louis XII. von Frankreich gefertigten Hochzeits-Gobelins «La Chasse à la Licorne» aufbewahrt werden. Zur Revolutionszeit hatte man noch mit diesen einzigartigen Kunstwerken Kartoffeln vor dem Einfrieren geschützt – jetzt sind sie Prunkstücke des Weltkulturbesitzes.
«Das gefangene Einhorn» zeigt das Wundertier in einem Pferch. Der betreffende Teppich misst 368 cm in der Höhe und 251 cm in der Breite.

Bild rechts:
Gleich vier Einhörner (drei im Vorder- und eines im Hintergrund) hat Gustave Moreau (1826–1898) in sein mystisches Kultbild integriert. Die zutraulichen Fabelwesen fühlen sich ganz offensichtlich in Gesellschaft der Schönheiten sehr wohl. (Der romantische Symbolist Moreau war übrigens Lehrer von Matisse und Rouault und gilt als Vorläufer des Fauvismus und des Surrealismus.)

Kein Fabeltier hat sich länger in wissenschaftlichen und parawissenschaftlichen Publikationen gehalten, als das Einhorn:
Konrad von Gesner, Leonardo da Vinci, Otto von Guericke, Leibniz – ja sogar Linné, der grosse Ordner der Tier- und Pflanzenwelt –, sie alle waren noch fest von der realen Existenz der Einhörner überzeugt.

Im 3. Jahrhundert reiste Megasthenes im Auftrage des Alexander-Nachfolgers Seleukos ins damalige klassische Land der Einhörner, nach Indien! Ausser Nashörnern beschrieb Megasthenes im Stile eines Augenzeugen ein solches «Kartazoon»:
«Das Kartazoon (Einhorn) war so gross wie ein Pferd und hatte eine Mähne gleich ihm. Es besass den Kopf eines

1488 erschien bei Erhard Ratdolt in Augsburg Johannes Angelis «Astrolabium». Eine Beziehung zwischen den Tierkreiszeichen und dem Einhorn lässt sich jedoch trotz dieser Darstellung zweier auf dem Fabeltier sitzender Herren inmitten astrologischer Zeichen nicht beweisen.

Hirsches, ungegliederte Füsse ähnlich wie die des Elefanten und einen geringelten Schwanz wie der vom Schwein. Sein Fell war von falber Farbe. Zwischen den Brauen stand sein schwarzes Horn, das scharf, spitz und gewunden war. Das Kartazoon war von unbezwinglicher Stärke, doch vertrug es sich mit den anderen Tieren. Es war nur in der Brunftzeit zu töten, weil es dann etwas von seiner Stärke einbüsste. Ansonsten war es sehr scheu und nur selten zu sehen. Allein der misstönende, laute Klang seiner Stimme verriet seine Anwesenheit.»

*

In den Erzählungen des Arabers Damir ist von einem Kampf zwischen Elefant und Einhorn die Rede. Alkamus berichtet, dass der Vogel Ruch (Ruck) das Einhorn, nachdem es den Elefanten besiegt habe, in seinen Krallen zum Frasse für seine Jungen mit sich forttrage. Alkazuin behauptet, das Einhorn greife den Elefanten von hinten an und hebe ihn mit dem eingebohrten Horne hoch; dann möchte es sich gerne losreissen, könne es aber nicht und sterbe so zusammen mit dem Elefanten.
Neben ihrem Erzfeind, dem Elefanten, sollen Einhörner auch mit Löwen gekämpft haben.
In seiner «Geschichte des Einhorns» macht Carl Cohn auf die Parallelen zwischen einem solchen Duell und Grimms Märchen vom tapferen Schneiderlein aufmerksam: «Der Löwe sucht hinter einem dicken Baumstamm Deckung. Das Einhorn läuft wie rasend auf den Baum zu und fährt mit dem Horn in den Stamm. Da es sich nicht mehr losreissen kann, fällt es dem Löwen zur Beute.»

In einem alten Kirchenlied heisst es:

«Es wolt gut Jäger jagen
wolt jagen durchs himmels Thron,
Was begegnet jhm auff der Hayden?
Maria, die Jungfraw schon.

Den Jäger den ich maine,
der ist uns wol bekannt,
Er jagt ein edles Einhorn,
Sanct Gabriel ist ers genannt.

Er führt in seinen Händen
vier Windtspiel schnell und leiss.
Das erst war graw, das ander leibfarb
das dritt war falb, das vierdt schneeweiss.

Das bedeut Gerechtigkeit, Wahrheit, Barmherzigkeit und Frid:
Das Einhorn ist HErr JEsu Christ,
der unser Heylandt ist ...»

«Abend für Abend nehmen die kleinen Einhörner ihre Stangen ab, putzen sie sorgfältig mit einer Bürste und legen sie behutsam neben ihren Schlafplatz. ‹Hast du dein Horn auch schön geputzt?› fragen die Eltern die Sprösslinge, ‹du weisst ja, wenn dein Horn nicht ganz sauber ist, stösst es dich in der Nacht und weckt dich auf ...›» (Aus dem Kindermärchen «Der Zug der Einhörner»)

Julius Solinus, ein römischer Schriftsteller, schildert uns das Einhorn als grässliches Monster:
«Das grausamste aller Tiere ist das Einhorn, ein Ungeheuer, das ein entsetzliches Gebrüll ausstösst, einen Pferdekörper mit Elefantenfüssen hat, dazu einen Schweineschwanz und den Kopf eines Hirschen. Mitten aus der Stirn ragt ihm ein Horn, wundervoll leuchtend, das so scharf ist, dass es mit Leichtigkeit alles durchbohren kann. Niemals fängt man es lebend; vielleicht kann man es töten, aber einfangen kann man es nicht.»

Im «Thierbuch Alberti Magni» (um 1545) ist ein besonderes Kapitel dem Einhorn gewidmet.
(Albert Graf von Bollstädt (1193–1280), der grösste kompendialistische Universalgelehrte seiner Zeit (und darum auch Albertus Magnus genannt), fasste das aristotelische Weltbild mit byzantinischen, jüdischen und arabischen Kommentaren zu einem erst ab 1473 teilpublizierten, 1651 in 21 Bänden erschienenen naturwissenschaftlichen und theologischen Gesamtwerk.)

«Die Jungfrau – der Köder für die Bestie» – vermag das Einhorn anzulocken und es so sanft zu stimmen, dass es sich willig zähmen lässt. Allerdings: Wenn die Jungfrau nicht ganz lupenrein ist, frisst das Einhorn sie auf! (Aus «De Generatione Christi» – um 1470)

Quellen:

«La Dame à la Licorne», von Alain Erlande-Brandenburg
Editions de la Réunion des Musées Nationaux, Paris, 1979

Ausstellung «Dem Einhorn auf der Spur» im Naturhistorischen Museum Basel, 1987

«Dem Einhorn auf der Spur», von Aleke Thuja
Verlag Chiva, Kiel, 1984

«La Chasse à La Licorne», von Margaret B. Freeman
Verlag Edita S.A., Lausanne, 1983

«Spirituals Unicornis» – Das Einhorn als Bedeutungsträger in Literatur und Kunst des Mittelalters
von Jürgen W. Einhorn,
Wilhelm Fink Verlag, München, 1976

«The Unicorn», Band I/Studies in Muslim Iconography
von Richard Ettinghausen
Verlag Smithsonian Institution: Freer Gallery of Art Occasional Papers, Washington, 1950

«Geschichte des Einhorns», von Carl Cohn (I. & II. Teil)
R. Gaertners Verlagsbuchhandlung, Berlin, 1896/1897

«Auf Noahs Spuren», von Herbert Wendt
G. Grote Verlag, Hamm, 1956 (Einhorn-Spielkarte – nach Seite 48)

«Interessantes über das Einhorn», von S. Gutmann
Herausgeber W. Spitzner, Ettlingen, 1965

«Unicorn»-Kalender 1985

«The Unicorn», A. Calendar for 1981
Pomegranate Artbooks, Corte Madera (USA), 1980

«Zur Symboldeutung des Fabeltieres Einhorn», von Trudy Schmidt
Aus der Zeitschrift «Die Grünenthal Waage», Band 4, 1965
(Chemie Grünenthal GmbH., Stolberg)

«Le Mythe de la Dame à la Licorne», von Bertrand d'Astorg
Editions du Seuil, Paris, 1963

«Das Mädchen und das Einhorn», von Sara Seale
Martin Kelter Verlag, Hamburg, 1977 (Roman)

«Speculum Artis», Zeitschrift für alte und neue Kunst
Mai/Juni Nr. 3/1962

«Vom Tier, das es nicht gibt», von Peter Schraud
«Westermann Monatsmagazin, Juni 1973

«The Castle of the Unicorn»
Verlag The Metropolitan Museum of Art, New York, 1978

«The Unicorn Tapestries at the Cloisters», von James J. Rorimer
Verlag The Metropolitan Museum of Art, New York, 1962

«Einhorn – Fabelwelt und Wirklichkeit», von Rüdiger Robert Beer
Verlag Georg D.W. Callway, München, 1972

«Der Zug der Einhörner», von Helmuth A. Niederle und Hermann Härtel
Edition Atelier, Wien, 1987

«Das Einhorn», von Martin Walser
Suhrkamp Verlag, Frankfurt am Main, 1966 (Roman)

«Das Einhorn», von Thomas Buchanan
Limes Verlag, Wiesbaden, 1960 (Roman)

«Wozu unsere Vorfahren das Einhorn brauchten», von P.J. Blumenthal
PM-Magazin Nr. 8/1983

«Die Dame mit dem Einhorn», von Pierre Vevlet und Francis Salet
Verlag Braun & Cie., Paris, 1960

«Im Zeichen des Einhorns» – eine Text-/Bild-Collage von Otto Kirchner für Trudy Schmidt, Basel

«Du»/«Atlantis» – Mai 1965: Die seltsame Welt des Malers Gustave Moreau

«Fabelwesen», von Andreas und Angela Hopf
Wilhelm Heyne Verlag, München, 1980

«Fabeltiere» von Rudolf König
Zoologisches Museum der Universität Kiel, 1985

«Einhorn, Sphinx und Salamander» von Jorge Luis Borges
Carl Hanser Verlag, München, 1964

Der Verhaltensforscher Konrad Lorenz hat aus seiner – wie man sieht – überaus intensiven Beobachtung von Enten und Gänsen auch Hinweise auf menschliche Gruppendynamik gezogen.

«Sitäditüditüdi ...»

Von urweltlichen und mythologischen Vögeln, von Gänsen und Enten, von säuglingsgierigen Adlern, von sexhungrigen Schwänen, von Harpyien und Greifen ist in diesem (pseudo-) ornithologischen Kapitel Bild und Rede. Wir starten aber ganz zivil mit Professor Hanows ergötzlichem «Vogelbüchlein für Spaziergänger». Hanow hat das kuriose Wagnis unternommen, Vogelrufe menschensprachlich zu «übersetzen»:

«Unser kleinster Europäer, das Goldhähnchen:
«Zerre zeck zeck zeck»
Die Kohlmeise: «Zistererrettet titi, tätätätä»
Die Tannenmeise (siehe Titel): «Sitäditüditüdi»
Die Nachtigall: «Lü, lü, lü, lü, lü, lü, lü, lü, watitititi Da da da jetjetjetjetjetjet Ji jih güh güh güh güh güh güh da da hidowitz»
Der «unsichtbare Mitternachtssänger, die Heidelerche»:
«Dlididlidlidlidli – lilililülülülülü – dadidldadidldadidldadildl – lüllüllüllüllullulluh»
‹Düdlüo›, erklingt nun der Pirol, so stark und voll, wie es kaum eine Flöte nachmachen kann. Naumann (Johann Friedrich Naumann, der bekannte Ornithologe, 1780–1857) sagt dafür ‹Gidleo gitatidlio, gidilio, giplia, giblio, gidleah› – alles aber sind reine, volle Flötentöne; ‹Liebchen, mir Bier hol›, übersetzt man es auch und gab danach dem Vogel den Namen ‹Pirol› auch wohl ‹Schulze von Bühlo›. Sein Lockruf, der der grünlichen Gattin gilt, ist ein weniger angenehmes ‹Kräck› oder ‹Schääk›.»

Die Geschichte von den Baumgänsen überdauerte sechs Jahrhunderte, obwohl sie von allem Anfang an als zwar interessante, jedoch völlig unglaubwürdige zoologische/botanische Mystifikation erkenntlich war: Am Ufer der Irish Sea, so behauptete Sir John Maundeville, würden Bäume wachsen, aus deren kürbisähnlichen Früchten junge Gänse ausschlüpften, um dann direkt ins Wasser zu plumpsen. Diese Bernacles/Bernikels/Baumgänse-Fabel wurde noch 1666 von einem angesehenen Mitglied der Royal Society, Sir Robert Moray, bestätigt, obwohl der Jesuitenpater Gaspar Schott schon 1662 versichert hatte, die Story von der baumfrüchtigen Gänse-Genesis entbehre jeder Grundlage.

Im Februar 1734 publizierten die Zürcher «Donnstags-Nachrichten» das folgende Inserat:
«Es ist gar ein merckwürdige Ganss an einem gewissen Ort feil, so viel stund es schlagt, so viel sie ga schreyet, zum Exempel; wann es eins schlagt, macht die Ganss einmal ga, und wann die Glock und der Wächter 12 rufft, macht die Ganss zwölfmal ordentlich nach einandern ga, sie wäre anstatt einer Uhr zu gebrauchen, dann ihre Stimm lasst sich nicht verhindern; dieses ist kein Spass oder Vexaz, sondern eine Wahrheit, welche dem ernsten Liebhaber um etwas Geld kan zu Hauss und Hof gebracht werden.»

*

Schon Plinius bezweifelte die Legende vom «Schwanengesang»: «Einige sagen, der Schwan singe kläglich, bevor er stirbt; zu Unrecht, wie mir scheint, hat mir doch die Erfahrung mit mehreren Tieren das Gegenteil gezeigt …»
Aber unbeschwert von allen naturkundlichen Erfahrungen greift Konrad von Megenberg in seinem Tierbuch die schöne Mär wieder auf:
«Der Schwan weiss von Natur seinen Tod voraus und singet fröhlich, eh dass er stirbt. Wann der Tod kommt, so fleucht er des Todes Pein in dem Hirn mit seinem süssen Gesang.»

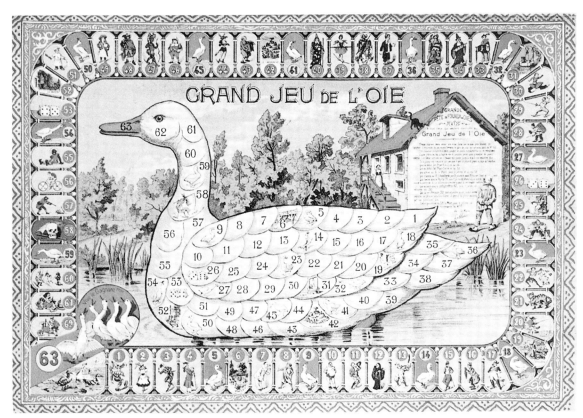

Nein, das ist nicht Kapitän Eiermann, sondern Aepyornis – Forscher Krause mit zwei nicht mehr ganz taufrischen Eiern des «vorweltlichen» Riesenstrausses, einem heutigen Straussenei und einem Hühnerei. Der «Schweizer Hausfreund»-Kalender 1907 erklärte seiner Leserschaft etwas umständlich die Grössen-Relationen:
«Der Umfang des Aepyornis-Eies entspricht dem von 7½ Straussen-, beziehungsweise 184½ Hühner- oder 20 008½ Goldhähnchen-Eiern – 60 Personen hätten also mit dem Inhalt eines solchen Rieseneies genügend gesättigt werden können …»

Für eine ganze Gattung von Brettspielen (Würfelspielen) wurde das Gänsespiel namensgebend. Auf diesem «Grand Jeu de l'Oie» musste ein Gänschen 63 Stationen durchwatscheln, bis es sich von Gänsemutters Kücken zur strammen Martinigans entwickelt hatte.

Bild links:
Im Juli 309 vor Christus eroberten die (senonischen) Gallier unter Brennus Rom. Sie zerstörten und plünderten die Stadt und versuchten auch durch einen nächtlichen Überfall das Kapitol einzunehmen. Schon hatte sich einer ihrer Krieger über einen aus den Schilden seiner Kameraden gebildeten Turm zur Mauerbrüstung emporgehangelt, als plötzlich die der Göttin Juno geweihten heiligen Gänse der Römer wie wild schnatterten und so die Wachen alarmierten, die dann die Gallier vertrieben.

Und Konrad Gesner doppelt nach:
«Plato sagt, dasz der Schwan nit von Leid, sondern von Freud singe: darum da ihnen der Tod nahe ist, sie um ire Untödlichkeit wissen und dasz sie zu irem Apolline fahren ...»

Nach einem irischen Märchen wurde Fionnuala, die Tochter des Königs Lir, von der bösen Aoife, dessen zweiter Frau, in einen Schwan verwandelt und dazu verurteilt, auf den Flüssen und Seen Irlands zu schwimmen, bis die Glocken des Himmels ihren Geist aus der Welt abrufen.

*

Der Maler Adolf Menzel, wegen seiner Zwergengestalt auch «die kleine Exzellenz» genannt, sass eines Tages im Huthschen Weinrestaurant in Berlin. Ein Ehepaar aus der Provinz, das man auf den berühmten Gast aufmerksam gemacht hatte, belästigte den Künstler durch ziemlich ungeniertes Anstarren.
Menzel nahm ruhig sein Skizzenbuch aus der Tasche und begann lebhaft zu zeichnen, wobei er aber immer wieder prüfende Blicke auf die Frau des Fremden warf, so dass es aussah, als ob er sie abzeichnete. Schliesslich erhob sich der Herr aus der Provinz, trat zu Menzel und klagte: «Mein Herr, ich verbitte mir, dass Sie hier meine Frau abzeichnen!»
Menzel reichte ihm ruhig sein Skizzenbuch hin, auf dem eine fette Gans zu sehen war, und fragte freundlich: «Ist das Ihre Frau?»

Sie wirken (pardon!) beide ein bisschen fossilig: Professor Richard Owen (1804–1892) und sein Moa-Skelett. Anno 1839 erhielt Owen aus Neuseeland einen Riesenknochen, dem bald darauf eine ganze Kiste weiterer Knochenteile folgte. 1844 behauptete der Maori Haumatangi (85) vor dem englischen Gouverneur Fitz Roy in Wellington, er habe noch zwei Jahre vor Kapitän Thomas Cooks Ankunft den letzten Riesenstrauss, den Moa, gesehen.

Owen rekonstruierte aus den Funden den Knochenbau eines Moa, das man auf einige Jahrhunderte alt schätzte.
Nach später entdeckten Moa-Überresten aus dem Tertiär und dem Pliozän kristallisierten sich schliesslich fünf Gattungen heraus: Dinornis, Meglapteryx, Anomalopteryx, Emeus und Euryapteryx, von denen lediglich noch die «Spätverwandten» Emu und Kiwi leben.
Dinornis robustus, das Urbild des Moa, erreichte eine Höhe von fast vier Metern. Der etwas leichter gebaute Aepyornis ingens war vermutlich noch etwa 60 cm grösser als das, respektive der Moa.

Leda heisst nicht nur der rechte Nebenfluss der Ems, sondern auch die Tochter des Königs Thestios von Ätolien und Gattin des Königs Tyndareos von Sparta.
Bei der Nachkommenschaft dieser schönen Fürstin schwant einem Unheil: Ihre Tochter Klytämnestra (ihrerseits Mutter von Elektra, Orestes und Iphigenie) wurde zwar noch dem angetrauten Gatten zugeschrieben, Helena und die noch am Sternenhimmel präsenten Zwillinge Castor und Pollux jedoch sollen von Zeus stammen, der sich Leda in der Gestalt eines Schwanes (erfolgreich) genähert hatte.

Der Kalong (Pteropus edulis Geoffroy und Pteropus giganteus ist ein indischer, respektive südostasiatischer Flughund – der Flederhund mit der grössten Spannweite (ca. 150 cm). «Er hängt tagsüber in Gruppen von mehreren tausend Tieren schlafend in grossen Bäumen und fliegt bei Einbruch der Dunkelheit zur Nahrungssuche aus. Die Mutter führt ihr Junges auf dem Rücken mit, bis es acht Wochen alt ist.» In dieser Darstellung aus der Zeit um 1880 wirkt die Flughunde-Formation wie ein urzeitliches Drachengeschwader.

Im September 1855 soll (so behauptet W.O. von Horn in «Silberblicke») «im Juragebirge in der Schweiz» ein riesiger Adler einen Säugling von der Weide (wo seine Mutter am Mähen war) in seinen Horst entführt haben.

«Ich besitze die Kunst, mich zu verwandeln in was ich will», sagte der alte Mann zum jungen Soldaten, «Nun verwandle ich mich in einen grossen Adler und trage dich hinauf zum Himmel…» («Das Märchen von den drei Fahnenflüchtigen»).

Johann Imthal, ein tapferer Senner, sei dann am schwindelerregenden Abgrund zum Adlernest hinaufgeklettert und habe das Kind gerettet.
Unser Bild zeigt diese Heldenszene einer trefflich illustrierten Schauergeschichte. Der zoologischen und historischen Wahrheit halber muss allerdings beigefügt werden, dass die wirklich verbürgten Fälle von Kindsraub durch Adler äusserst selten sind.

Er hat verschiedene Namen (Rock, Ruch, Rukh) und wird als der grösste aller Vögel und Zeiten geschildert. Marco Polo glaubte, er habe eine Flügelspannweite von 23 Metern gehabt. «Der Vogel Rock füttert seine Jungen mit Elefanten, die er in grosse Höhe emporhebt und dann zu Boden fallen lässt, damit sie zerschmettern. In den Erzählungen aus Tausendundeiner Nacht schildert uns die kluge Scheherezade, wie Sindbad, der Seefahrer, zum ersten Mal «Rukh» begegnet: «... da verschwand die Sonne ganz plötzlich, und der Himmel verfinsterte sich. Und weil ich die Sonne gar nicht mehr sehen konnte, so glaubte ich, eine Wolke sei wohl vor sie getreten. Aber es war ja Sommerszeit, und so wunderte ich mich darüber. Ich hob meinen Blick gen Himmel und sah einen Vogel von riesiger Gestalt, von gewaltigem Leibesumfang und mit weithin gebreiteten Flügeln – er war es, der die Sonne verhüllt und ihr Licht von der Insel fernhielt ...»

Unsere Darstellung zeigt den neun Elefanten transportierenden Supervogel in einer persischen Illustration des 19. Jahrhunderts.

In der indischen Mythologie ist der Riesenadler Garuda eine Art Flugpferd, ein Sonnenross für Vishnu, den grossen Gott, der die ganze Welt in drei Schritten durchmessen kann.

Auf unserem Bild aus dem 18. Jahrhundert fliegt Vishnu «Garuda» – was ja auch der Name einer Fluglinie ist. Neben ihm sitzt seine Gattin Lakschmi (Cri). Mit seinen vier Armen hält Vishnu seine heiligen Embleme: Den Diskos (über dem Flügel), die Lotosblüte, die Keule und die Muschel. Auch der Riesenvogel Garuda ist mit Preziosen geschmückt.

Die «Jenny Haniver» ist kein Flugzeugname, kein Filmstar, kein Drache und kein Flugsaurier, sondern eine Fälschungskonstruktion, ein taxidermisches Pseudo-Ungeheuer, hergestellt aus Rochen und Fledermausflügeln. Man glaubt, dass besonders viele solcher geflügelter Schreckmonster in Anvers fabriziert worden seine, weshalb man sie als «Hanivers» bezeichnete. (Der Verfasser jedenfalls hat trotz deren Vornamen mit diesen Gruselwesen nichts zu tun!)

Schon Konrad von Gesner und auch Aldrovandi haben den Schwindel entlarvt: «Die Apotheker und andere Landstreicher (!) gestalten die Leib der Rochen in mancherlei Gestalt nach ihrem Gefallen. Solcher Gestalt ist eine Jenny Haniver hieher gesetzt, damit solcher Trug und Beschiss bemerkt werde.»

Claudius Aelianus in seinem «Tierleben», Aristotoles und auch Antonius Polemon von Laodikeia erwähnten in ihren Schriften einen sehr merkwürdigen moralischen Vogel Porphyörion, eine Art Wasserhuhn:
«Wenn man ihn im Hause hält, passt er scharf auf die verheirateten Frauen auf und hat ein so feines Empfinden, wenn eine Gattin Ehebruch treibt, dass er, wenn er das merkt, es seinem Herrn dadurch verrät, dass er sein Leben in einer Schlinge beendet.»

Die Harpyien sind ganz unangenehme Weibs-Vogelbilder. Auf unserem Helgen (aus Jonstons «Historiae naturalis» von 1650) sieht das Wesen oben zwar noch recht friedlich aus. Die scharfen Krallen jedoch lassen Böses ahnen: Harpyien sind von unstillbarem Hunger geplagt; sie nehmen den Menschen die Nahrung weg oder machen sie ungeniessbar. Ausserdem sind Harpyien die Verkünderinnen eines schnellen Todes.

Mit dem «Gryphus», dem Greif (Greiff) steht es trotz seiner furchterregenden Löwen/Adler-Kombination gar nicht so schlecht: In der griechischen Mythologie ist er ein Begleiter Appolls, im Christentrum symbolisiert er Christus in seiner Doppelnatur als Gott und als Mensch.

Quellen:

«Drachen, Riesen» von Willy Ley
Franckh'sche Verlagshandlung, Stuttgart, 1953 (Moa)

«Living Wonders» von John Michell und Robert J. M. Rickard
Verlag Thames & Hudson Ltd., London, 1982 (Moa) (Kinderraub-Vogel)

«Schweizer Hausfreund»-Kalender 1905: Rubrik «Kurzware» (Moa)

«Über Land und Meer», 1892/Nr. 27, Selte 563 (Pelikan, Phönix, Harpyie, Greif)

«Fabelwesen» von Andreas und Angela Hopf
Wilhelm Heyne Verlag, München, 1980

«L'Age d'Or des Jouets» von Jac Remise und Jean Fondin
Edita-Verlag, Lausanne, 1967 (Gänsespiel)

«Im Wandel der Jahrtausende» – Eine Weltgeschichte in Wort und Bild von Albrecht Wirth, Seite 51
Union Deutsche Verlagsgesellschaft, Stuttgart, 1890 (Kapitol-Gänse)

«Horizon», Spring 1967, Volume IX, Number 2:
American Heritage Publishing Co. Inc., New York (Konrad Lorenz mit Enten)

«Der goldene Vogel» – Helden- und Abenteuermärchen von Wilhelm Fronemann
Verlag Ensslin & Laiblin, Reutlingen, 1929 (Kinderraub-Vogel)

«Il Dizionario illustrato dei Mostri» von Massimo Izzi
Gremese Editore s.r.l., Roma, 1989 (Vogel Rukh/Vogel Garuda)

«Über Land und Meer» Nr. 39/Seite 776 (Kalongs) 1892

«Silberblicke» von W.O. von Horn
Verlag Sauerländer, Frankfurt am Main, 1892 (Johann Imthal)

«Das neue Universum»
Verlag W. Spemann, Berlin, ca. 1880 (Kalongs)

«Meyers Konversations-Lexikon», Band 12: Leda
Bibliographisches Institut, Leipzig, 1906

«Fabeltiere»
Zoologisches Museum der Universität Kiel, 1985 (Vogel Rock)

«Auf Noahs Spuren» von Herbert Wendt
Verlag G. Grote, Hamm, 1956 (Vogel Rock, Moa)

«Wer singt da?» – Ein Vogelbüchlein von Karl Hanow
Naturwissenschaflicher Verlag, Godesberg, 1913 (Vogelstimmen)

«Unnatürliche Geschichten» von Colin Clair
Atlantis Verlag, Zürich, 1967 (Entenbaum, Harpyie, Vogel Rock, Schwanengesang, Leda)

«Das Berichthaus von Zürich», Ein Kulturbild im Spiegel der Donnstags-Nachrichten, 1730–1754
Verlag Berichthaus, Zürich, 1956 («Uhren-Gans»)

«Vergnügte Tiere» von Hans Ostwald
Paul Franke Verlag, Berlin, 1928 («Ente»)

«Kulturkuriosa aus Altgriechenland» von Hans Licht
Paul Aretz Verlag, Dresden, 1929 («Ehebruchsvogel»)

«Curious Creatures in Zoology» von John Ashton
Verlag John C. Nimmo, London, 1890 (Entenbaum)

«Das grosse Weltreich der Tiere»
Verlag Das Beste, Stuttgart, 1988 (Emu, Kiwi, Flughunde)

Früher sah man ihn an alten Scheunen und Häusern als verrostete Plakette einer Versicherungsgesellschaft – heute ist er wieder auf seine positive Sagen-Botschaft konzentriert: Phönix, der Wundervogel, der sich selbst verbrennt «und sich aus seinem Feuer förmlich jubelnd wieder erhebt», bleibt ein Beispiel für «Renaissance», für das neue Leben, das immer wieder aus Ruinen und Asche erblüht. Ein Phönix soll sich nur von reiner Luft ernährt haben und mindestens 500 Jahre alt geworden sein.

*Auch er ist ein (streng zoologisch genommen fabulöses) Beispiel für Selbstaufopferung: «Sehet, wie der Pelicanus sich todesmutig die Brust mit dem Schnabel aufreisst und wie seine Jungen im Nest die hervorspritzenden Blutstropfen erschnappen!»
Die heute noch lebenden Mitglieder der Familie Pelecanidae, der rosa (Pelecanus onocrotalus) und der braune Pelikan (Pelecanus occidentalis) sorgen zwar gut für ihre Jungen, die das Elternpaar zusammen aufzieht – sie denken aber nicht daran, ihr Blut zu verspritzen ...*

Riesenwürmer – Schlangenmenschen

In Hagenbecks Tierpark in Hamburg-Stellingen lebten zwei Riesenschlangen; die grössere 7, die kleinere 4½ Meter lang. Die beiden Tiere kamen gut miteinander aus, bis in der Nacht vom 25. auf den 26. August 1909 ein toter Schwan in ihr Gehege geworfen wurde. Beim Kampf um die Beute verbissen sich die beiden ineinander. «So zu einem unlösbaren Knäuel verschlungen, waren sie in das Wasserbassin ihres Käfigs gerutscht und dabei offenbar ertrunken, bevor sie die tödlichen Umschlingungen lösen konnten. Der alte Carl Hagenbeck liess sofort einen Gipsabguss dieser Tiertragödie und daraus ein Bronzedenkmal erstellen. In der Inflationszeit stahlen dann Altmetall-Diebe das «Ereignis-Monument».
Carl Hagenbecks zweitältester Sohn Lorenz liess sich übrigens aus der Haut der beiden Pythons eine Aktentasche herstellen.

Um 1900 erst entdeckte Professor Spencer aus Melbourne den zwei Meter langen australischen Riesenregenwurm (Magascolides australis). Er benützt vorwiegend die von Krebsen geschaffenen Höhlungen an Flussufern, die er durch Ausgrabung der schlangenförmig gewundenen Galerien seinen Bedürfnissen anpasst. Bei seinen Bewegungen innerhalb des Baues verursacht er ein kollerndes Geräusch. Den Riesenregenwurm gegen seinen Willen aus seinem Bau hervorzuziehen, ist unmöglich. Er verdickt seinen schleimigen Körper und stemmt sich mit seiner bedeutenden Muskelkraft fest an die Wände der Gänge und lässt sich eher zerreissen als hervorzerren. Ausserdem verteidigt er sich noch, indem er aus seinen Rückenporen einen Saft mehrere Zentimeter weit spritzt. Der Körper des Riesenregenwurms verbreitet einen creosotartigen Geruch. Nach dem Tode des Tieres verstärkt sich dieser noch mehr, und die Leiche löst sich – ein weiteres wundersames Phänomen – relativ schnell in ein sich verflüchtigendes Öl auf, welches von den Eingeborenen als Universalmittel gegen rheumatische Erkrankungen gebraucht wird.

Aus unserem Bilde erfahren wir übrigens auch wie damals, vor rund hundert Jahren, die Berufskleidung eines australischen Riesenregenwurmfängers aussah.

Ein Schreckbild von anno dazumal: Die bereits mit Opfern «gefüllte» Riesenschlange führt sich ein weiteres Menschlein zu Gemüte ...

Friederike Kempner («Der schlesische Schwan») dichtete so herrlich trivial, dass man sich noch heute an ihrem unfreiwillig humorigen Pegasus erfreuen kann. 18 Verse umfasst ihr poetisches Epos über den «Thierbändiger»:

«Des Thierbändigers Bude ist drückend voll.
Die Menge lauscht lautlos andächtig schier ...»
Immer wieder lässt der geldgierige Schausteller-Vater seine Tochter Johanna, «von hoher Figur, von lieblich rundem, rosigem

112

Gesicht», gegen wilde Tiere antreten. «Johanna, gewappnet mit festem Blick», bändigt Löwen und Hyänen. «Mit Heldenmuth fährt in des Panthers Rachen ihr Arm.»
Dann aber kommt die verhängnisvolle Hauptattraktion:
«Wir zeigen nun endlich die zwanzig Fuss lange und hundert Pfund schwere Riesenschlange!»
Weil sie ein unschuldiges Lämmchen aus dem Rachen der Bestie retten will, wird Johanna selber zur Beute des sie verschlingenden Untiers. Der Vater feuert zwar sein Terzerol «in den giftigen Schlund hinein» – doch vergebens:
«Nun öffnet der Bändiger den riesigen Mund,
Sein stierer Blick sprüht funkelnden Glanz,
Johanna ist todt, doch sie ist ganz!
Nur rund um den Hals, da ist es wie wund:
Die grausame Schlange nahm langsam sich Zeit,
Fast schien's, als thät's um die Jungfrau ihr leid ...»

*

Übernommen hatte sich auch Janos, der sensationelle Schlangenmensch, während einer Abendvorstellung des Zirkus Roberts im August 1978 in New York. Janos verknotete seine Gliedmassen mit solch genialer Kunstfertigkeit, dass es ihm nicht mehr gelang, sie zu entwirren. Der Zirkusdirektion blieb nichts anderes übrig, als das Menschenbündel per Lieferwagen ins Spital zu transportieren. Die Ärzte brauchten über eine Stunde, bis sie den Artistenleib entflochten und geordnet hatten. Sie schrieben Janos erst einmal krank und verordneten ihm eine Woche Bettruhe.

Um 1840 trat in Wien Edward Klischnigg (1813–1877) als Affendarsteller auf. Als eigentlicher Schlangenmensch war er so beweglich, dass er sich mit dem rechten Fuss hinter dem rechten Ohr und mit dem linken hinter dem linken Ohr kratzen konnte.
Johann Nepomuk Nestroy schrieb für den phänomenalen Gliederverrenker ein besonderes Lustspiel, «Affe und Bräutigam».

Anno 1959 trat im «Grand Festival International de la Magie» ein «Kontorsionist», ein Gliederverrenker, auf, eine eigenartige Spielart der Varieté- respektive Zirkus-Attraktion der Schlangenmenschen. Nach den Vorstellungen empfing Yogi Clemendore, der «Meister des Yoga», an seiner Kunst interessierte Ärzte in der Garderobe zu einer besonderen medizinischen Séance unter Ausschluss des Publikums.

Schon 1731 war eine «Positurmacherin mit extraordinairen Gelenken» an der Leipziger Messe zu bestaunen. Im Frühjahr 1887 untersuchte dann Hans Virchow zusammen mit seinem «Prosector» Dr. Eisler den Knochenbau des damals in Amerika und Deutschland auftretenden Schlangenmenschen Büttner-Marinelli. Unsere beiden Skizzen mit der Bogenstellung von vorne und im Skelett-Profil verblüfften die Leserschaft der «Illustrirten Zeitung».

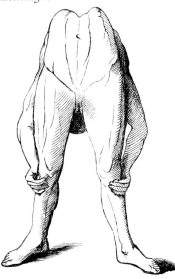

Quacksalber und Scharlatane priesen ihre Zaubermittel oft mit irgendeinem Schlangentrick an. Alles war den Marktrufern recht, wenn sie damit nur die Aufmerksamkeit des Publikums auf ihre teuren Wundermittel lenken konnten. Wir zeigen eine Szene in Bologna in der Zeit um 1660.

Quellen:

«Artisten-Lexikon» von «Signor Saltarino»
Reprint der Originalausgabe von 1895
Zentralantiquariat der DDR, Leipzig, 1987 (Klischnigg)

«Das neue Lexikon der Niederlagen» von Uwe Gruhle
Goldmann Verlag, München, 1983 (Janos)

«Schlangenmenschen», Artikel von F.K. Mathys, Basel

«Der Schlangenmensch Büttner-Marinelli»
Artikel ohne Autorangabe in «Illustrirte Zeitung» Nr. 2287 vom 30. April 1887

«Der Stein der Weisen», Band 10
A. Hartlebens Verlag, Wien (ca. 1900) (Australischer Riesenregenwurm)

Programm des «Grand Festival International de la Magie», 1959 (Yogi Clemendore)

Bücherkatalog Nr. 58, Gilhofer & Ranschburg GmbH., Luzern (ohne Datumsangabe), (Jahrmarkts-Charlatan in Bologna)

«Koralle» (Deutsche Illustrierte) Nr. 49 vom 8. Dezember 1940:
«Der Kampf der Riesenschlangen»

«Unnatürliche Geschichten» von Colin Clair
Atlantis-Verlag, Zürich, 1969 (dicke Schlange)

Wenn die Sirenen locken ...

«Sirenen sind Fischweibchen, in der griechischen Mythologie dem Schiffer verderbliche Sängerinnen, die auf Klippen sitzen und durch ihren schönen Gesang die Boote zugrunde gehen lassen. Die deutsche Variante davon ist die Loreley auf dem Rheinfelsen.»

Der Teufel selbst sei von Loreleys Lied «von der Liebe so heiss geworden, dass er dampfte. Nachher hat sich der Teufel sehr gehütet, der Sirene des Rheins wieder nahe zu kommen, und er hat gefürchtet, wenn er von ihr abermals gefesselt werde, in seinen Geschäften grosse Unordnung und Unterbrechung zu erleiden».

*

Wenn die Nixen aus dem Herrenwiesersee (auch Hummelsee oder kleiner Mummelsee genannt) «im badischen Gebirge» im Mondenschein auftauchen, dann «rauscht und wallt und wogt der See und schlägt hohe Wellen.»

*

Die Legenden um Seejungfrauen und Sirenen könnten auch, so glauben etliche Forscher, auf Seekühe zurückzuführen sein. Sie leben in Küstengewässern und an Flüssen, und schon mancher Seefahrer hat auftauchende Seekühe, die sich mit dem Kopf und Schulter ein wenig aus dem Wasser erhoben, für badende Menschen gehalten. Aus der Nähe haben diese plumpen Tiere zwar nicht die geringste Ähnlichkeit mit betörenden Frauen. Die Seekuhweibchen zeichnen sich jedoch durch zwei Brüste am Brustkorb aus, und wenn die Seekuhmutter ihr saugendes Junges in den Arm nahm und an die Brust drückte, so drängten sich den Entdeckungsreisenden alter Zeiten Vergleiche auf, die zu allerlei Märchen von «Meermenschen» und «Seejungfrauen» führten.

Traurig und sehnsüchtig blickt die kleine Seejungfrau dem schönen Prinzen nach, dem sie nicht in seine Welt folgen kann. Er bleibt auf der Erde und sie im Wasser.

Die Najade in Arnold Böcklins Gemälde «Meeresstille» hält nach jungen Fischern Ausschau, denen sie noch so gerne ins Netz gehen würde. Zu Füssen respektive zu Schwanz der sirenischen Meerjungfrau planscht der Wassermann. Obwohl er im Moment gerade taucht, seien Menschentöchter doch dringend vor ihm gewarnt, weil, wie Sebastian Münster schon 1628 mitteilte, «Meermänner den Weibern sehr begierig Achtung geben, ihnen nachstellen und von schändlicher Unlauterkeit über die Massen entzündet und getrieben werden».

*Ihren Schmuck hat die Sirene sorgsam in einer Muschel deponiert, damit sie sich ungeniert die Haare kämmen kann, um dann wieder einen arglosen Fischer oder einen naiven Wanderer mit ihrem Gesang und/oder ihren berückenden Schwimmkünsten zu betören.
(«A Mermaid» heisst dieses «Romantikum» von John William Waterhouse, 1901 für die Royal Academy in London gemalt. Ein Kritiker jener Summer Exhibition lobte «the wistful sad look of this fair mermaid».)*

Es wird erzählt, dass schon Alexander der Grosse, als er in einer gläsernen Taucherglocke die Tiefen des Meeres erforschte, «several adventures with beautiful sea maidens» erlebt habe.
Im Mittelalter sollen französische Adelsfamilien ihre Stammbäume gefälscht haben, um ja eine Verwandtschaft mit der schönen Melusine, der Seenixen-Gattin von Graf Raimund von Poitiers, aufweisen zu können. Melusine, halb Weib, halb Fisch, sei einmal von ihrem Mann in ihrer Doppelgestalt im Bade überrascht worden. Seither erscheint sie auf einem hohen Turm ihres Schlosses Lusignan, wenn ein Todesfall in der Familie bevorsteht.

Als das «Narrenschiff», eine Berliner Sartire-Zeitschrift, um 1912 von den Behörden wegen angeblicher Unsittlichkeit (tatsächlich jedoch aus politischen Gründen) verboten wurde, schmückte die Redaktion die Abschiedsnummer mit einer kaiserlich-wilhelminischen Zensurschlange, die dem armen See-Komtesschen der Pressefreiheit den Garaus machen will.

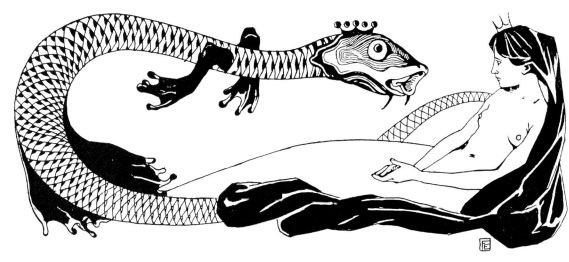

Konrad Gesner behauptete, dieses «Meerfröuwle» sei anno 1523 tatsächlich am Strand gefunden worden – «so gross wie ein fünfjähriges Kind».

Quellen:

«Historia y Vida», August-Nummer 1979

«Beautiful Sea Maidens» in «Strange stories – amazing facts», Seiten 418–420
Verlag Reader's Digest Association Limited, London, 1975

«Das Narrenschiff», satirische Zeitschrift, letzte Nummer, ca. 1912, Berlin

«Von gruseligen Ungeheuern und gefährlichen Sirenen», von Margret Schiedt
«Brückenbauer» Nr. 2 vom 13. Januar 1988, Zürich

Katalog «Art Room», London, Autumn 1996

«Deutsche Volkssagen», Kapitel «Die Seejungfrauen», Seite 414.
Kapitel «Lorelei», Seiten 31/32
Verlag Weltbild Bücherdienst, Stuttgart (ohne Jahreszahl)

«Fabelwesen des Meeres», von Sonnfried Streicher
VEB Hinstorff Verlag, Rostock, 1982

«Fabelwesen», von Andreas und Angela Hopf
Wilhelm Heyne Verlag, München, 1980

«Geo» Nr. 10 (C 2498 E) vom 29. September 1986
Bildbericht «Die Ungeheuer sind unter uns»

«Die Quellnymphen rauben den Jüngling Hylas wegen seiner Schönheit» – ein präraffaelitisches Gemälde von John William Waterhouse (1849–1917). Halb ziehen sie ihn in ihr Element, halb sinkt er hin – und ward nie mehr gesehen ...

Elefanten

Im Jahre 1758 hatte der französische Architekt Charles-François Ribart eine Idee, die er sofort in zwei Planzeichnungen umsetzte. Man solle doch, so meinte er, zu Ehren des damals regierenden Königs Louis XV., oben an den Pariser Champs-Elysées, auf der «Butte de l'Etoile», einen Riesenelefanten konstruieren, ein «Kiosque à la gloire du Roi»: Reich mit Beute von Frankreichs Feinden beladen kehrte der siegreiche Monarch auf dem Elefanten thronend aus der Schlacht in seine Hauptstadt zurück.

Wir starten mit einem Elefantenwitz:

Eine Zeitschrift gab eine Sondernummer über Elefanten heraus und bat Diplomaten verschiedener Nationen um Beiträge. Der Franzose sandte «Das Liebesleben der Elefanten», der Engländer «Wie ich meinen ersten Elefanten schoss», der Deutsche «Der Elefant in ethischer, kultureller und politischer Hinsicht mit besonderer Berücksichtigung der Mehrwertsteuer». Aus Italien kam «Juventus Turin und die Elefanten», aus Russland «Boris Jelzins roter Elefant», aus der Schweiz «Der Elefant und das Bankgeheimnis» und aus China «Der Elefant in Maos Kulturrevolution».
Schliesslich trafen noch aus Riad «Der Ölefant» und aus Wien «Die Erinnerungen eines Elefanten an das alte Burgtheater» ein.

*

Der 80jährige Zoowärter Efim Bobonets in Charkow in der Ukraine wollte 1979 in seinen wohlverdienten Ruhestand treten. Der sensible Dickhäuter Assan jedoch wiedersetzte sich dem Rücktritt seines geliebten Pflegers. Er frass nichts mehr, trompetete ohrenbetäubend und demolierte alles, was ihm vor den Rüssel und unter die schwergewichtigen Beine kam. Erst die Rückkehr Efims beruhigte das Tier. Freudig lief ihm Assan entgegen und legte liebevoll seinen Rüssel um ihn.

im Endspurt

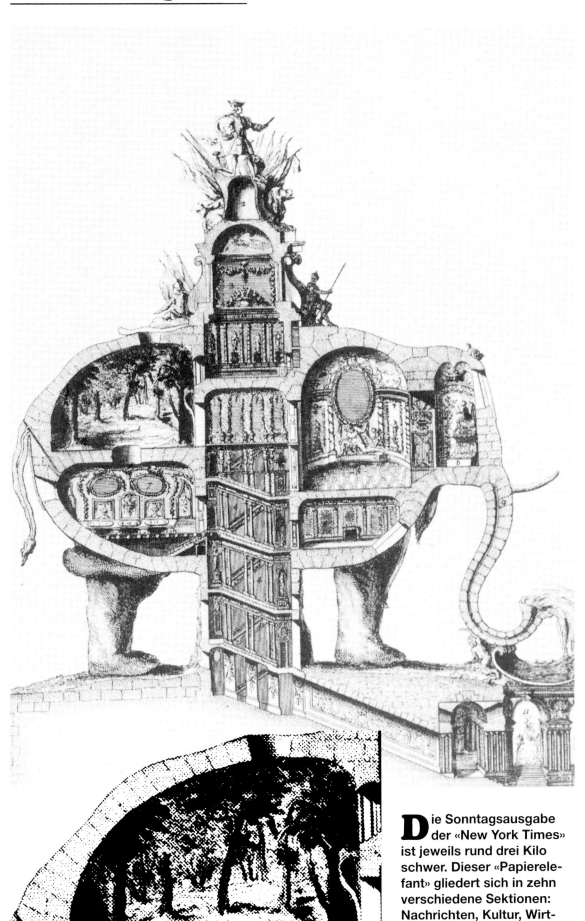

Im Vorderteil des Tieres sah Ribart einen Konzertsaal, wobei die Elefantenohren als Schalltrichter zur Verbreitung der musikalischen Genüsse über ganz Paris sorgen sollten. Im ersten Stock des Hinterteils plante der Künstler einen Waldsaal (!) mit Kaskaden und Bassins, wobei das Wasser schliesslich über den zum Springbrunnen formierten Rüssel die Champs-Elysées hinunterplätschern sollte.
Da Fréron das Projekt sofort in der «Année littéraire» als Zuckerguss-Spielerei verspottete, kam «L'Eléphant de l'Etoile» nie zur Ausführung.

Die Sonntagsausgabe der «New York Times» ist jeweils rund drei Kilo schwer. Dieser «Papierelefant» gliedert sich in zehn verschiedene Sektionen: Nachrichten, Kultur, Wirtschaft, Wochenrückblick, Sport, «The New York Times Magazine», «Book Review», Grundstückhandel, Stellenmarkt und Tourismus. Die Auflage des Papierelefanten beträgt 1,5 Millionen Exemplare, ein ganzseitiges Inserat kostet gegen 30 000 Dollar.
In einer New Yorker Karikatur versuchte ein Zeichner zu demonstrieren, wie aktuell dieser Zeitungselefant trotz aller Vorproduktion ist: Auf der Titelseite sah man dann einen Kioskinhaber, der von einem ab dem Lieferwagen geworfenen Sonntagsausgabe-Zeitungsbündel erschlagen wurde. Selbstverständlich hielt er bereits die Zeitung mit seinem Unfallbild in der Hand!

*

Im dritten Band der «Fragmenta historicorum Graecorum» finden wir die Geschichte vom verliebten Elefanten:
«Die Liebe der Tiere ist

Zuerst hatten die Genfer einen Riesenspass, dass sie im Frühjahr 1820 endlich auch einmal einen Elefanten zu Gesicht bekamen. Doch eines Tages wurde das Tier «fou furieux» und lief Amok. Man sah keine andere Lösung, als ihn am 31. Mai «diskret» durch ein Loch in der Mauer von der Stadtartillerie erschiessen zu lassen ...

1629 zeigte man in Nürnberg einen «orientalischen» Elefanten. Eine alte (erwachsene) Person zahlte vier, eine kleine Person (ein Kind) zwei Kreuzer, wobei es jung und alt anheimgestellt war, so lange zuzusehen, wie es beliebte.

verschieden. Manche sind wild und unbändig, andere wieder zeigen menschenähnliches Benehmen und einen Umgang, der der Anmut nicht entbehrt.
Zu diesen gehörte ein Elefant in Alexandria, der sich als Nebenbuhler des Philologen Aristophanes erwies. Die liebten nämlich beide dasselbe Blumenmädchen – und die Liebe des Elefanten war deutlich wahrzunehmen: Er trottete neben ihr her und pflückte ihr von den Bäumen Früchte, je nachdem sie die Jahreszeit bot, und er legte sich oft nieder, damit sie auf ihn steigen und auf ihm reiten konnte. Besonders liebte er es, sie mit dem Rüssel zu umarmen und ihr in aller Behaglichkeit die drallen Brüste zu liebkosen.»

*

Kaiser Maximilian II. (1527–1576) brachte 1552 aus Spanien den ersten Elefanten nach Österreich. Bis Innsbruck, von wo man dann zu Schiff weiter-

Im Winter 1902/1903 zeigte der Zirkus Busch zwölf Elefanten in einer sogenannten Wassernummer. Begeistert schildert uns ein Journalist der «Illustrirten Zeitung» diese auch von den Direktoren der Zoologischen Gärten von Berlin, Dresden und Leipzig gerühmte Dickhäuter-Schau: «Aus der Höhe der Galerie rutschen die zwölf gewaltigen Tiere die steile Rampe hinab in das mit Wasser gefüllte Bassin der weiten Manege. Hochauf spritzen die Wasser, wenn ein solcher Koloss hineinstürzt, und blitzschnell hintereinander folgen ihm seine Gefährten – eine ununterbrochene graue Linie, aus der nur die weissen Stosszähne hervorblitzen.»

Auf der Assam-Linie in Indien wurde im Sommer 1901 ein Personenzug von einer plötzlich aus dem Busch hervorbrechenden Elefantenherde zum Entgleisen gebracht. Der Lokomotivführer und die Passagiere waren ebenso erschrocken wie die Dickhäuter – mit Ausnahme von ein paar blauen Flecken bei Mensch und Tier entstand jedoch kein bleibender Schaden.

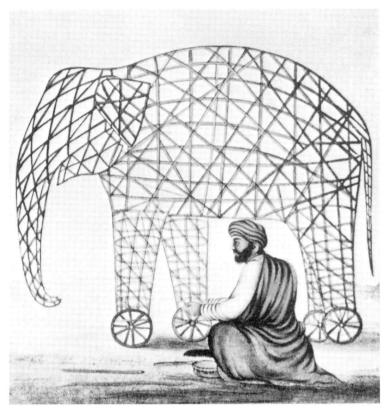

reiste, musste das ungewöhnliche Tier, «12 schuech hoch, zwen zendt und einer elln lang (21 Ellen) und mausfarb», hinter einem Zug von «etlich 100 pfärdt» einen langen Fussmarsch zurücklegen. So mancher Gasthof, in dessen Stall der Elefant nächtigte, änderte, stolz auf den besonderen Gast, Schild und Namen.
Der Prinz (Maximilian wurde erst 1564 Kaiser) logierte den «Olifanten» in seinem Jagdschloss Kaiser-Ebersdorf. Dort starb das Tier – 42 Zentner und 73 Pfund schwer – am 18. Dezember 1553. Aus seinen Knochen, genau genommen aus dem rechten Oberschenkel, liess Maximilian später für Sebastian Huetstocker, den Wiener Bürgermeister, einen Sessel schnitzen, der im Stift Kremsmünster aufbewahrt wurde.

Herr M. aus Offenbach wollte den Freizeitpark «Safariland» bei Gross-Gerau besuchen. Dort laufen Tiere wild herum. Herr M. begegnete prompt einem Elefanten; er kurbelte die Scheibe herunter, um ihn zu streicheln. Der Elefant, neugierig auf ein Stück Brot, griff mit seinem Rüssel in den Wagen hinein. Verängstigt drehte Herr M. das Autofenster wieder hoch, wobei er leider die Rüsselspitze einklemmte.
Leicht erbost trat ihm darauf der Elefant den linken vorderen Kotflügel samt Scheinwerfer ein. Schlotternd vor Angst verliess

Das erste Feuerwerk in Indien wurde um 1750 in Bibipur bei Lucknow von englischen Truppen nach sechsmonatiger Vorbereitung in den Himmel gejagt. Um 1815 machte dann diese Mogul-Version einer barocken Feuerwerks-Maschinerie von sich reden. Das fahrbare Gestell eines «Brand-Elefanten» wurde zum Staunen der Passanten als feuersprühendes Tier durch Lucknow gezogen.

Um 1890 zeigte «Das Neue Universum» («Ein Jahrbuch für Haus und Familie, besonders aber für die reifere Jugend»), wie man einen Elefanten macht: «Der Rüssel wird aus braunem Packpapier zusammengeklebt; die Stosszähne sind zwei Rollen aus weissem Schreibpapier, welchen man eine leichte Krümmung gibt. Zur Darstellung des Elefanten braucht man zwei Knaben, von denen der eine etwas grösser und stämmiger sein muss, als der andere. Wenn die Kinder Schritt halten und leise und vorsichtig auftreten, so wird der Gang des Elefanten ganz hübsch nachgeahmt ...

Blattgold wurde früher mit den feinen Oberhäutchen des Blinddarms und der grösseren Eingeweide von Rindern hergestellt. Diese «Goldschlägerhaut» wurde dann 1784 für den ersten, mit Wasserstoff gefüllten Reklameballon verwendet. Die Firma Lachambre in Paris benötigte schon um 1883 jährlich rund 100 000 solcher Rinderdarmhäute zur Anfertigung von «Reklame-Aerostaten».

1903 produzierte das Unternehmen unter Verarbeitung von 1000 Goldschlägerhäuten einen Elefanten-Ballon in natürlicher Grösse für einen englischen Tee-Importeur.

«Im Kopf des Hermann-Denkmals den Teutoburger Wald angedichtet oder im Schädel der Bavaria in München das bayrische Bier besungen zu haben, gehört zu den erhabenen Reiseerinnerungen», behauptete die «Illustrirte Zeitung» im Sommer 1892. *«Jetzt ist auch der Elefantenleib im Berliner Hippodrom in die Reihe der stilgerechten Lokale getreten. Der neue Kunstelefant ist ein in dem herrlichen Garten erbautes Ungetüm aus Eisen, Holz und Ton von 14 Metern Höhe. Der emporragende Rüssel trägt eine elektrische Lampe, die ihr Licht bis weit in die Strassen der Stadt hinein sendet. Mittels einer zierlichen, in dem rechten Vorderfuss angebrachten eisernen Wendeltreppe gelangt man in den Bauch des Dickhäuters, der gar seltene Eingeweide enthält: Eine kleine, orientalisch geschmückte Bühne, auf der eine orientalische Truppe unter Begleitung vorsintflutlicher Instrumente Gesänge und Tänze aufführt. Im Elefanten-Parkett steht das lauschende Publikum, das laut polizeilicher Vorschrift die Zahl von 25 Köpfen nicht überschreiten darf. Der Elefantenbauch hat wirklich etwas anheimelndes; man glaubt, in einem türkisch-arabischen Salon zu sein. Kein Elefant der Erde hat es bis jetzt zu einer solchen Beliebtheit gebracht, wie der des Hippodrom. An schönen Tagen ficht man sich mit Stössen bis an die Kasse im Eintrittsbein, das stets umlagert ist.»*

Die Schwimmkraft wurde im alten China erfinderisch genutzt. Zur Zeit der Drei Reiche (220–280 nach Christus) hat der gelehrte Cao Chong einen Elefanten in Ermangelung anderer Wiegegeräte durch Ermittlung der Wasserverdrängung gewogen. Auf Caos Vorschlag hin wurde der Elefant auf ein ausreichend grosses Boot geführt und der Wasserstand auf der Seite des Schiffes markiert. Dann brachte man den Elefanten wieder an Land und belud das Boot mit Steinen, bis es zur markierten Höhe sank. Die Steine wurden einzeln gewogen, und ihr Gesamtgewicht entsprach logischerweise genau dem Gewicht des Elefanten.

Der amerikanische Architekt J. Mason Kirby baute 1884 im New Yorker Vergnügungspark von Coney-Island einen 100 000 Tonnen schweren, 45 Meter langen und (bis zur Plattform) 27 Meter hohen Superelefanten aus Holz und Blech. «In den Hinterbeinen befindliche Wendeltreppen führen zuerst ins Magenzimmer und von dort in die Schenkel-, Hüften- und Gehirnzimmer des Kolosses. Ausser einem riesigen Konzertsaal mit Galerie sind noch etwa 30 kleinere Zimmer im Elefanten versteckt. Die Stosszähne sind elf Meter lang, die Augen haben einen Durchmesser von einem Meter, und die Ohren wiegen sechs Tonnen. Unter dem Bauche des ursprünglich als Hotel geplanten Giganten hat man als Grössenvergleich den berühmten ‹Jumbo›, den grössten lebenden Elefanten der Welt (und ‹Namensgeber› für die heutigen Jumbo-Jets und Jumbo-Packungen ...) plaziert. Er wirkt geradezu winzig gegenüber seinem überdimensionierten Holz- und Blech-Vetter.»

Herr M. den Freizeitpark. Er fuhr aber nicht gleich nach Hause, sondern erst einmal in das nächste Lokal, um sich auf den Schrecken hin einen Cognac zu genehmigen. Auf dem Heimweg, ein paar Stunden später, stoppte ihn auf der Kreuzung bei Langen die Polizei. Wegen der fehlenden Beleuchtung. Herr M. entschuldigte sich. Die Ordnungshüter wollten ihn schon weiterfahren lassen, als M. den Schaden dummerweise begründete und ihn mit dem Fehltritt eines Elefanten erklärte. Die Polizisten glaubten ihren Ohren kaum, nahmen M. mit auf die Wache und unterzogen ihn einer Blutprobe, die ein halbes Jahr Führerschein-Entzug zur Folge hatte. Einer Klage von Herrn M. gegen den «Safariland»-Betreiber wurde nicht stattgegeben ...

Das hätte sich Hannibal nicht träumen lassen, dass man (Hieronymus Bosch mit diesem Kupferstich aus der Zeit um 1500) Kriegselefanten zur richtigen Festung «ausbauen» würde. Höchst kurios sind die Details – etwa die beiden am Elefantenbein rüttelnden Kapuzenmänner, der Angreifer unterm Bauche, der sogar noch sein Hinterteil melkstuhlartig gepanzert hat, der Riesensägeschwertträger unterm Korbschild (unten rechts) etc.

Neun schöne Inderinnen formen einen menschlichen Elefanten: «Krishna, die irdische Inkarnation Vishnus, war in seiner Jugend so schön, dass die Hirtinnen, von seinem Charme bezaubert, aus ihren eigenen Leibern einen Elefanten bildeten, um ihm als Reittier zu dienen.»

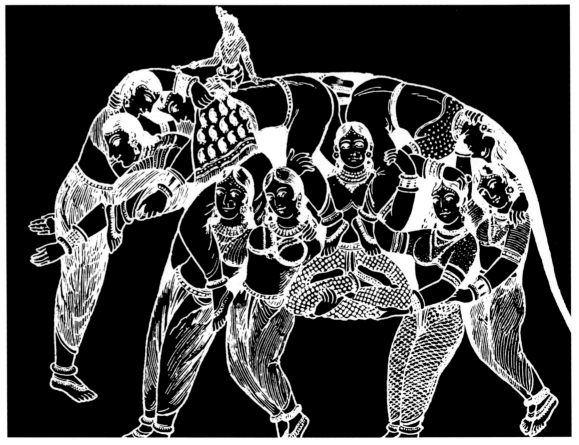

Anno 1978 grassierten englische Elefantenwitze:
Warum malen sich Elefanten die Zehennägel rot an? Damit sie sich besser im Kirschbaum verstecken können. Noch nie einen gesehen? Sehen Sie, so gut ist die Tarnung!

Woran erkennt man, ob es ein afrikanischer oder ein indischer Elefant ist? Am Akzent natürlich ...

Was ist der Unterschied zwischen einem Keks und einem Elefanten? Haben Sie schon einmal versucht, einen Elefanten in den Kaffee zu tunken?

Kann ein Elefant höher als eine Laterne springen? Klar – haben Sie schon einmal eine Laterne springen sehen?

In seinem 1668 in Padua erschienenen Werk «De Monstris» präsentiert uns Fortunius Licetus einen «Elephant Man» des 17. Jahrhunderts.

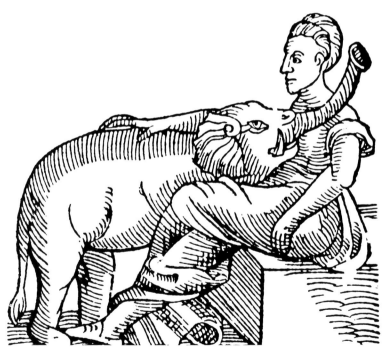

Julius Obsequens schrieb im 4. Jahrhundert nach Christus ein «Liber prodigiorum» über Wunderzeichen und erwähnt die Geburt eines Knaben mit einem Elefantenkopf. Lykosthenes (Wolffardt aus dem elsässischen Ruffach) steigerte diese Meldung über eine Verwachsung 1557 zum veritablen Elefantenbaby. In seinem Wunderbuch macht sich Eugen Holländer über solche Übertreibungen lustig: «Auf der Suche nach göttlichen Zeichen wird aus einem Hasenschartensäugling schnell ein strammer Dickhäuter, der mit bereits deutlich entwickelten Stosszähnen an der Brust der dies liebevoll gewährenden Mutter Alcippe trinken darf.»

Quellen

«Das Neue Universum»
Verlag W. Spemann, Berlin, ca. 1880
(Spiel-Elefant)

«Die schöne Kunst der Verschwendung»/Fest und Feuerwerk in der Geschichte, von Georg Kohler und Alice Villon-Lechner
Buchclub Ex Libris, Zürich, 1990
(Feuerwerks-Elefant)

«Adam und die Tiere», von Fernand Méry, Jacques Boudet und Bernhard Baue, Editions du Pont Royal, Paris, 1964 (Hieronymus Bosch-Elefant)
(Indischer «Menschen-Elefant»)

«Illustrirte Zeitung» Nr. 3108 vom 22. Januar 1903:
Die Elefantenherde des Zirkus Busch in der Pantomime Dahomey

«Paris des Utopies» von Yvan Christ
Editions Balland, Paris, 1977 (Elefant «Etoile»)

«Strange stories, amazing facts»
Verlag The Reader's Digest Association Limited, London, 1975
(Elefant «Etoile»)

«Supplément Littéraire Illustré du ‹Petit Parisien›» Nr. 652 vom 4. August 1902
Artikel: Un Train arrêté par des Eléphants

«Handbook of Early Advertising Art», Pictorial Volume, von Clarence P. Hornung
Dover Publications, Inc, New York, 1947 (Reklameelefant)

«Illustrirte Zeitung» Nr. 2555, vom 18. Juni 1892.
Der Elefant im Berliner Hippodrom

«Wissenschaft und Technik im alten China»
Herausgegeben vom Institut für Geschichte der Naturwissenschaften der Chinesischen Akademie der Wissenschaften
Verlag Birkhäuser, Basel, 1989
(Wiegen eines Elefanten)

«Illustrirte Zeitung» Nr. 2196 vom 1. August 1885:
Der Koloss-Elefant auf Coney-Island

«Prometheus» 15. Jahrgang, 1904
Illustrirte Wochenschrift über die Fortschritte in Gewerbe, Industrie und Wissenschaft
Verlag Rudolf Mückenberger, Berlin, 1904
Artikel: «Aerostatische Figuren», von Carus Sterne
in Nr. 729 und 730

«Wunder, Wundergeburt und Wundergestalt», von Eugen Holländer
Verlag Ferdinand Enke, Stuttgart, 1921
(Elefantenknabe/Elefantensäugling)

«Véritable Messager boiteux», Vevey, 1820 (Elefanten-«Hinrichtung»)

«Kulturkurioses aus Altgriechenland», von Hans Licht
Paul Aretz Verlag, Dresden, 1929 (Der verliebte Elefant)

«Das neue Lexikon der Niederlagen», von Uwe Gruhle
Goldmann Verlag, München, 1986
(Safari-Park-Elefant)

«Sonntagsblick», vom 1. November 1981:
«Der Papier-Elefant» («New York Times»)

«Basler Zeitung» Nr. 240 vom 13. Oktober 1979 (Elefanten-Liebe)

«Bild», vom 31. August 1978 (Elefanten-Witze)

«Schönbrunner Chronik», von Josef Glaser
Herausgeber: Schlosshauptmannschaft Schönbrunn, Wien, 1990
(Wiener Elefanten)

ENDE
unserer Führung durch das «Panopticum».
Besuchen Sie uns wieder in der «Curiosa»-Vorstellung!

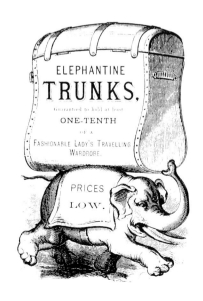

Inhaltsverzeichnis

Den parazoologischen Urwald erforschen   4
Ein Vorwort mit Hintergedanken

Bobby und seine gelehrigen Kollegen   6
Unsere Star-Revue kluger Hunde

Der Treueste der Treuen   20
Er wachte jahrelang am Grabe seines Herrn

Katzen-Potpourri   22
Eine «Hall of Fame» weltberühmter Miezen und Kater

Die singende Maus beim Frisör   36
Konzert- und Eisenbahnmäuse en masse

Schattentiere ...   40
Das nostalgische Spiel für ewige Kinder

Rattologisches Kunterbunt   46
Geschichten aus Hameln und (N)Irgendwo

Flotte Hirsche – scheue Rehe   54
Salto mortale mit Cervus Elaphus

«Monstra per excessum»   60
Eine Parade grauslicher Untiere

Die rosigen Rüssler schlagen zu   64
«Miss Piggy» und ihre Superschweine

Die «erschröcklichen» Zürcher «Meerwunder»   76
Konrad Gesners dämonische Tierwelt

Automaten im Tierbauch   82
Animalische Androiden

Festival der Automatentiere   86
Ratternde Hasen – quietschende Bären

«Basellischgus, du böser Fasel ...» 88
Fabelwesen mit tödlichem Blick

Dinos, Drachen und Dronten 90
Faszinierendes Urgetier – ein Kapitel zum Fürchten

Rhinogradentia – die Sensation von Heidadeifi 96
Retograde Hüpfspringer aus der Südsee

Das romantische Einhorn 98
Ein kulturhistorisches Lieblingsthema

«Sitäditüditüdi ...» 106
Ledas Schwänerich, Riesenvögel und flatternde Legenden

Riesenwürmer – Schlangenmenschen 112
Vom Python-Duell zum «knochenlosen» Artisten

Wenn die Sirenen locken ... 114
Seejungfrauen, Meerfröuwle, Nixen und Najaden

Elefanten im Endspurt 116
Das grosse Dickhäuter-Panoptikum

*Von Hans A. Jenny sind u.a.
folgende kulturgeschichtliche Bücher erschienen:*

«Baslerisches-Allzubaslerisches»
Band 1 und Band 2
«Morde, Brände und Skandale»
«Rund um den Marktplatz»
(zusammen mit Paul Göttin)
«Basler Souvenir»
«Basler Taler»
«Erinnerungen an das alte Stadttheater»
«Prinzessinen»
«Wir bitten zu Tisch»
Nostalgische Tafelkultur
(alle diese Publikationen sind vergriffen)

«Die Lof-Story»
Superromantisches Schmunzelbuch
«Riehener Anekdoten»
«Heimatkunde Tecknau»
«Wundertiere» (SJW-Heft)
«Menschen, Tiere, Sensationen»
Circus- und Varieté-Parade
«Basler Memoiren»
1. Band 1870–1912, 2. Band 1920–1938, 3. Band 1939–1945
(diese Bücher sind nur noch beim Autor erhältlich)

«111 Jahre Nebelspalter»
«Schweizer Originale»
Bände 1, 2 und 3
«Basler Anekdoten»
«Basler Originale»
(alle diese Bücher im Verlag Friedrich Reinhardt, Basel)

«Die grosse Liebe»
Liebesklassiker und Kultfiguren
(Faunus-Verlag, Gelterkinden)
«Baselbieter Originale»
(Verlag Schaub-Druck, Sissach)
«Die verrückteste Nostalgia»
Buchverlag Basler Zeitung, Basel

*Kontaktadresse:
Hans A. Jenny, Hauptstrasse 37
CH-4492 Tecknau/BL (Schweiz)*